Karma

Das Gesetz von Ursache und Wirkung Schritt für Schritt im Alltag anwenden, schlechtes Karma auflösen und gutes Karma erzeugen für ein Leben in höchstem Glück und Dankbarkeit

Mirella Bahlsen

Email: info@edition-lunerion.de
www.edition-lunerion.de

Psiana eCom UG
Berumer Str. 44
26844 Jemgum

INHALT

Vorwort

„Irgendwann bekommt jeder das, was er verdient."

Diese Aussage ist jedem von uns geläufig. Dennoch erscheint das Leben uns manchmal unfair. Wie kann es sein, dass der arrogante Kollege, der alle anderen schlecht behandelt, trotzdem Erfolg hat und die Karriereleiter erklimmt? Wie kann es sein, dass die Mutter, die immer Kuchen an alle Nachbarn verteilt, ihr Kind verliert? Wie kann es sein, dass ich mich von meinem neuen Partner schon wieder schlecht behandeln und ausnutzen lasse, obwohl ich mir nach der letzten gescheiterten Beziehung geschworen hatte, stark zu bleiben?

Manche Menschen führen diese Ereignisse des Lebens auf Schicksal, Belohnung oder Bestrafung zurück. Doch der Buddhismus bietet eine andere Erklärung: Karma.

Dabei gelten Zusammenhänge wie „Tu Gutes und Gutes wird dir begegnen." oder „Karma hat kein Verfallsdatum.". Das klingt verlockend, oder? Ist es auch. Denn die Vorstellung von Karma hilft uns, oben genannte Beispiele einzuordnen, den Lauf des Lebens zu verstehen und die Gerechtigkeit zu erkennen. Dabei ist es doch beruhigend, zu wissen, dass der arrogante Kollege früher oder später seine Quittung bekommen wird, dass der großzügigen Mutter Gutes widerfahren wird oder dass ich selbst den Teufelskreis aus negativen

Beziehungen durchbrechen kann.

Aber was genau ist Karma? Welche Aussagen trifft der Buddhismus? Wie wirkt das Karma sich auf unser Leben aus?

Einleitung

Diese und weitere Fragen kann das nachfolgende Buch beantworten. Denn es beschäftigt sich ausführlich mit alltagsnahen Fragen, die jeder Mensch sich stellt. Womit habe ich es verdient, dass erst mein Auto kaputt geht, dann mein Kaffee auf mein Hemd tropft und ich schließlich einen wichtigen Termin verpasse? Warum schenkt das Leben mir eine wundervolle Frau und einen erfüllenden Beruf, während mein Bruder nichts geordnet bekommt?

Um der Erklärung dieser Fragen näher zu kommen, beginnt dieses Buch ganz am Anfang und beschreibt die Entstehung des Buddhismus und das Leben des Buddhas, das die Grundlage für alles Weitere bildet. Anschließend werden die buddhistischen Vorstellungen von Karma, Samsara, Reinkarnation und Nirwana ausführlich dargestellt und erläutert. Auch das Prinzip von bedingtem Entstehen und der unabänderliche Zusammenhang von Ursache und Wirkung werden lebensnah erklärt. Denn alles hängt zusammen, alles ist im Fluss und alles kommt, wie es kommen soll.

Diese buddhistischen Vorstellungen werden anschließend stärker auf das alltägliche Leben bezogen, indem beschrieben wird, wie man negatives Karma erkennen, annehmen und diesem entgegenwirken kann. Dafür ist der Standpunkt des Menschen im Mittelpunkt seines Energiefelds und die Funktionsweise des Potenzgesetzes entscheidend.

Schließlich liefert dieses Buch konkrete Ideen, wie man positives Karma im Alltag erzeugen kann. Dabei bezieht es sich allumfassend auf die Ernährung, das Kaufverhalten, die Selbstliebe und das Verhältnis zu den Mitmenschen. Ein besonderer Fokus liegt dabei auf karmischen Verstrickungen in Beziehungen, Familien und am Arbeitsplatz. In diesen Erklärungen bleibt stets der Mensch als handelndes Individuum im Mittelpunkt. Deshalb werden konkrete Umsetzungstools von Meditation, Achtsamkeit, Reflexion, Offenheit, Peace Food und heilsamem Verhalten geliefert, die Sie direkt und ohne großen Aufwand in Ihrem Leben umsetzen können.

Auf diese Weise kann es Ihnen während und nach der Lektüre dieses Buches gelingen, aktiv und selbstverantwortlich auf Ihr Leben zu wirken, das Sammeln von Karma zu beeinflussen und so positive Zusammenhänge zu erzeugen.

Karma – Ein Konzept mit tiefen Hintergründen

Sicher ist Ihnen der Begriff Karma in dem ein oder anderen Zusammenhang bereits begegnet. Doch was genau ist Karma? Woher stammt der Begriff? Was bedeutet er? Und welche Rolle spielt er im Buddhismus?

Das nachfolgende Kapitel soll diese Fragen beantworten und in den weiteren buddhistischen Kontext einordnen.

URSPRÜNGE

Das Wort *Karma* stammt aus der indischen Sprache Sanskrit und kann mit den Verben „machen, tun" oder auch dem Substantiv „Rad" übersetzt werden. Diese verschiedenen Varianten machen deutlich, dass das Konzept des Karmas vielschichtig und in mehrere Richtungen deutbar ist. So hat Karma zum einen mit dem Verhalten und den Handlungen zu tun. Zum anderen bezeichnet es jedoch auch das Konzept eines Rads, das sich immer weiterdreht und verschiedene durchlaufene Abschnitte miteinander verbindet.

Ursprünglich entspringt die Vorstellung um Karma einer altindischen Philosophie und wurde von dort weiter auf den Buddhismus und den Hinduismus projiziert. In diesen Religionen ist Karma auch heute noch ein fester Bestandteil. Dabei gehen die gläubigen Menschen davon aus, dass Karma ein ewiger Kreislauf ist, der durch eigene Entscheidungen und Handlungen beeinflusst, wie man behandelt wird und was mit der Seele passiert. Wichtig ist, dass dieser Kreislauf keine Grenzen hat, sondern sich durch Wiedergeburt nicht nur auf das aktuelle Leben, sondern auch auf das nächste Leben ausrichtet.

Erstmals trat das Konzept des Karmas im ältesten Teil der hinduistischen Schrift *Rigyeda* ungefähr 1.500 v. Chr. auf. Dabei handelte es sich damals um eine rituelle Handlung, das heißt, die Vorstellung von Karma war auf einen Ritus begrenzt. Anschließend entwickelte sie sich jedoch weiter in eine spirituelle und philosophische Richtung. Erste Belege dafür stammen aus der Zeit zwischen 800 und 300 v. Chr. Dabei nahm die Überzeugung von bestimmten Folgen spezifischer Handlungen zu. Dadurch wurde Karma mit der Zeit eine Philosophie mit ethischen und moralischen Komponenten. Heute ist es fester Bestandteil der hinduistischen und buddhistischen Glaubenslehre.

In die westliche Kultur wurde die Vorstellung von Karma nur in manchen Teilen übertragen. So haben die Weltreligionen Christentum, Judentum und Islam keine autonome, rein menschengesteuerte Karmalehre, nach welcher die eigenen Handlungen direkt das Empfangen von Gutem oder Bösem beeinflussen. Vielmehr geht es in diesen Religionen darum, selbstlos zu sein und immer Gutes zu tun, um Gott ähnlich zu handeln und das Paradies zu erreichen. Dort endet auch das irdische Leben; es gibt keine Wiedergeburt. Allerdings liegt in dieser Beziehung zwischen Gut und Böse, Gott und Mensch durchaus auch das Prinzip des Karmas. Denn auch Gott belohnt oder bestraft die

Taten der Menschen. Demnach existiert auch in diesen Religionen das Konzept des Karmas, allerdings mit dem Unterschied, dass es nicht autonom von jedem Menschen gelenkt wird, sondern von Gott beeinflusst wird.

In der indischen Spiritualität geht die Vorstellung von Karma über die westliche Idee von den Folgen einer Handlung und dem Beeinflussen des Schicksals durch gutes oder schlechtes Karma hinaus. Dort versteht man unter Karma einen Willen, das heißt, eine Geisteseinstellung, die sich auf Gedanken, Worte und Taten auswirkt. Diese Geisteseinstellung kann durch die innere Einstellung beeinflusst werden: Durch Einsicht, Güte und Gierlosigkeit kann man einen heilsamen Willen erreichen, durch Verblendung, Hass und Gier dagegen einen unheilsamen Willen. Je nachdem, wie der Wille ausgeprägt ist, handelt, denkt und spricht man. Auf diese Weise wirkt das Karma. Dabei hat es Auswirkungen auf den gesamten Daseinskreislauf des jetzigen, nächsten oder späteren Lebens.

Dennoch sind einige Vorstellungen über die Funktion von Karma auch in Ländern, in denen Buddhismus und Hinduismus nur wenig ausgeprägt sind, angekommen. So gibt es in Deutschland den Spruch „Jeder bekommt, was er verdient." und auch die Aussage „Was du nicht willst, das man dir tut, das füge auch keinem anderen zu." ist weit verbreitet.

Aus diesem Grund ist es sinnvoll, sich auch außerhalb von religiösen Glaubensüberzeugungen mit dem Konzept von Karma zu befassen. Selbstverständlich ist die Spiritualität ein wichtiger Teil von Reinkarnation und Karma. Jedoch kann die Beschäftigung mit den Prinzipien von Karma und deren Übertragung auf den eigenen Alltag die Persönlichkeitsentwicklung positiv beeinflussen. Denn wenn Sie Ihre Einstellung zum Leben und zu Ihren Mitmenschen überdenken und Ihre Handlungen auf ein sich immerzu drehendes Rad an sozialen Gegebenheiten abstimmen, so können Sie Ihre Persönlichkeit weiterentwickeln und mehr Glück erfahren. Das liegt daran, dass in jedem sozialen Gefüge die Prinzipien von Geben und Nehmen vorhanden sind. Man bekommt nur das wieder, was man auch bereit ist, an andere weiterzugeben – im Guten wie im Schlechten. Denn wer zum Beispiel immer bereit ist, anderen mit Hilfe und Rat zur Seite zu stehen, der wird auch selbst Hilfe empfangen. Wer jedoch vorwiegend Gerüchte streut und Streit sucht, der wird auf wenig positive Reaktionen stoßen.

Aus diesem Grund ist es wichtig, das spirituelle Konzept und die buddhistischen Ursprünge von Karma zu verstehen. Das kann Ihnen dabei helfen, sich selbst in einen sozialen Kontext einzuordnen und Ihr Denken so zu verändern, dass Sie uneigennützig zum Wohle anderer handeln, um so durch Karma später Gutes in Ihrem Leben zu erfahren.

DIE BEDEUTUNG DES BUDDHISMUS

Karma ist also eine spirituelle Vorstellung, die Auswirkungen auf das gesamte Dasein eines Menschen hat. Dieser Gedanke ist das Hauptkonzept des Buddhismus. Das bedeutet, dass die Lehren des Buddhismus allumfassend von dem Konzept des Karmas geprägt sind. Umgekehrt ist jedoch auch jegliche Betrachtung und Anwendung der Karmalehre, unabhängig davon, in welchem Kontext oder in welcher Kultur, unumgänglich beeinflusst von den buddhistischen Theorien. Dabei verstehen sich diese buddhistischen Glaubensgrundsätze jedoch weder als Philosophie noch als Psychologie, auch, wenn sie hervorheben, Erkenntnis und Logik in das Leben der Menschen zu bringen und die innere Haltung dauerhaft zu verändern. Grund dafür ist, dass sich psychologische Lehren zu sehr auf den Einzelnen und dessen Umfeld fokussieren, während philosophische Ansichten den großen Kontext über den Sinn des Lebens erklären wollen. Stattdessen verstehen die buddhistischen Lehren sich als spirituelle

Überzeugungen, die sich auf den Einzelnen, die sozialen Gefüge, das gesamte Leben sowie darüber hinaus auf alle nachfolgenden Leben und die Vergänglichkeit beziehen. Der Buddhismus und die Vorstellung von Karma sind demnach etwas Allumfassendes, das weder begrenzt ist noch jemals endet. Wer das Konzept von Karma in sich dringen lässt, der arbeitet an sich von innen und außen und verändert sein gesamtes Leben. Wie Ihnen das gelingen kann, soll mithilfe von theoretischem Wissen über den Buddhismus und die Karmalehre sowie durch praktische Tipps, die Sie direkt in Ihr Leben integrieren können, vermittelt werden.

Doch was ist der Buddhismus? Was lehrt er uns? Was ist das Ziel?

Buddhismus als Weltreligion

Grundsätzlich ist der Buddhismus eine der fünf Weltreligionen neben dem Christentum, dem Judentum, dem Islam und dem Hinduismus. Weltweit gibt es etwa 450 Millionen Buddhisten, die vor allem in Asien leben. Jedoch existiert der Buddhismus auf allen Kontinenten der Erde.

Dennoch unterscheidet er sich stark von Christentum, Judentum und Islam, da es im Buddhismus keine konkrete Gottesfigur gibt. Stattdessen ist der Buddhismus, wie auch der Hinduismus, eine Erfahrungsreligion. Das bedeutet, dass man durch die Erkenntnis der Wahrheit und durch Bemühungen um die eigene Persönlichkeit den inneren Geist entfalten und so das höchste Ziel der „Buddha-Natur“ erreichen kann. Dafür benötigt man Eigenverantwortung und Selbstständigkeit, um den Weg zu gehen und die Erleuchtung zu erreichen. Diese Erkenntnis der Wahrheit beruht laut den Lehren des Buddhas auf Erfahrungen, deren Ursache in den Geschehnissen des aktuellen Lebens sowie in den Handlungen und Ereignissen in vorherigen Leben liegt. Umgekehrt wirkt sich aber auch das Verhalten, Reden und Denken im aktuellen Leben auf alle zukünftigen Existenzen aus. Dennoch sind die Lehren Buddhas keine festen Vorschriften, wie es in anderen Religionen durch Heilige Schriften verdeutlicht wird.

Stattdessen sollen die Belehrungen durch die eigenen Erfahrungen im Leben stets überprüft und bewusst kritisch hinterfragt werden. Das ist die Grundlage der buddhistischen Karmalehre, die die Unterschiede zwischen den Persönlichkeiten und Lebensumständen der Menschen zu erklären versucht.

Doch wie entstand der Buddhismus?

Grundlage des Buddhismus sind die Lehren des Buddhas. Historisch betrachtet war der Buddha ein Fürstensohn, der Siddhartha Gautama hieß und vermutlich von 560 bis 480 v. Chr. in Indien lebte. Er wuchs wohl in Reichtum auf, wendete sich schließlich aber von diesem Leben ab und wurde Mönch. Dabei konzentrierte er sich vor allem auf das Erlernen der Meditation und wendete sich dafür an verschiedene Meister. Jedoch konnten sie ihm nicht die Erkenntnis bieten, nach der er suchte, und so verließ er seine Meister jedes Mal, wenn er das Gefühl hatte, alles von ihnen gelernt zu haben, was sie ihm beibringen konnten. Auf diese Weise erstreckte sich seine Suche nach der Wahrheit über viele Jahre, blieb aber trotz strenger Askese und umfangreicher Mediation erfolglos. Deshalb beschloss er schließlich, so lange sitzend unter einem Bodhibaum in der kleinen indischen Stadt Bodhgaya zu verweilen, bis er die Wahrheit erkennen und Befreiung erlangen würde. Nach drei Nächten, die er durchwachte, erreichte er diesen Zustand schließlich in seinem inneren Geist. Er war erwacht und hatte die Erkenntnis erlangt. So entstand sein Name: Buddha – der Erwachte.

Daraufhin wurde er selbst als Lehrer tätig und lehrte in den kommenden vierzig Jahren seinen Schülern die Vier Edlen Wahrheiten. Diese besagen erstens, dass es Leiden gibt, zweitens, dass Ursachen für das Leiden existieren, drittens, dass das Leid aber endet und viertens, dass es einen Weg gibt, der zum Erreichen des Endes von Leid führt. Ziel dieser Vier Edlen Wahrheiten ist, die Befreiung von Leid zu erreichen.

Nach dem Tod von Buddha entwickelte sich der Buddhismus als Religion in einem Zeitraum von ungefähr 2.500 Jahren. Dabei wurden die buddhistischen Lehren immer weiterentwickelt und an die lokalen Gegebenheiten angepasst, sodass sie von den Menschen in ihrem Leben umsetzbar waren.

Während der Verbreitung seiner Lehren gründete Buddha einen Mönchsorden und einen Nonnenorden. Deren Mitglieder verbreiteten die Lehren des Buddha nach dessen Tod mündlich. Jedoch wuchs schnell der Wunsch nach der Verschriftlichung der Lehren, um sie angemessen und gleichartig weitergeben zu können. Aus diesem Grund versammelten sich ungefähr 340 v. Chr. die buddhistischen Mönche zu einem Konzil in Rajagraha. Sie wollten die Vinaya, die Mönchsregeln, und den Dharma, die Lehre, so verschriftlichen, dass ein allgemein anerkannter buddhistischer Kanon entsteht, dessen zusammengestellte Texte sich als die buddhistischen Lehren etablieren. Auf diese Weise wurden verschiedene Versionen des Kanons verfasst, von denen nur die Fassung des sogenannten Palikanon, die in der altindischen Sprache Pali verfasst ist, erhalten blieb. So bildete er durch die verschriftlichten Lehrreden, Ordensregeln und Erläuterungen die Basis für die „Schule der Ältesten“.

Jedoch wurde dieser Palikanon bereits etwa hundert Jahre später, ungefähr um 270 v. Chr., erneut diskutiert, da sich Unstimmigkeiten über die Ordensregeln entwickelt hatten. Dies betraf besonders Vereinbarungen über Nahrung, Luxusgüter, strukturelle Organisation der Klöster und darüber, ob das vollständige Erreichen von Erwachen, das einen Menschen dem Buddha würdig macht, möglich sei. Da keine einheitlichen Einigungen getroffen werden konnten, spaltet die Gemeinschaft sich schon bald auf und es wurden verschiedene buddhistische Schulen gegründet, die man bis heute unterscheidet: Die Schule des Hinayana zählt man zum führenden Buddhismus, die Schule des Mahayana zum Zen-Buddhismus, der heute besonders im Westen bekannt ist, und die Schule des Vajrayana zum tantrischen Buddhismus, der aus dem Mahayana entstanden ist.

Diese breiteten sich fortan über ganz Indien und schließlich auch über die Grenzen der Länder und Kontinente hinweg aus. Alle Strömungen haben ihren Ursprung in Indien, sind seit dem 19. Jahrhundert durch die Kolonialisierung aber über alle Kontinente verbreitet. Die größte Anzahl an Buddhisten lebt heute in Tibet, Thailand, Sri Lanka, Vietnam, Laos, Kambodscha, Bhutan, Japan und China. In Indien selbst sind heute lediglich etwa ein Prozent der Bevölkerung Buddhisten, da der Buddhismus durch muslimische Eroberungen und die Verbreitung des Hinduismus weitestgehend verdrängt wurde. Im Westen hingegen steigt das Interesse am Buddhismus. So wurden schon in der Zeit der Kolonialisierung die buddhistischen Schriften, die in der indischen Gelehrtensprache Sanskrit, für die sich die Wissenschaftler aus dem Westen interessierten, verfasst waren, übersetzt. Besonders die Lehren des Zen-Buddhismus fanden so westliche Anhänger. Diese entwickelt sich inzwischen teilweise zu einer westlichen Version des Buddhismus, die auch durch im Westen beliebte Lehrer wie den Dalai-Lama bekannt wurde und wird. Auch buddhistische Praktiken wie Achtsamkeit, Meditation und die Vorstellung von Karma finden immer mehr Einzug in den Westen.

Aber worauf beruhen diese Praktiken und Lehren des Buddhismus?

Kernfragen im Buddhismus

Die Entstehung des Buddhismus durch das Erwachen des Buddhas mit dem höchsten Ziel der Erkenntnis wurde bereits dargelegt. Dennoch bietet der Buddhismus weitere inhaltliche Kernfragen, die das Leben als Buddhist und die innere Einstellung der Gläubigen prägen. Um das verstehen zu können, muss man sich darüber bewusst werden, dass es eine ganzheitliche Entscheidung ist, Buddhist zu werden. Sie wirkt sich auf das gesamte Leben aus. Das liegt daran, dass man sich dazu entschließt, dem Weg des Buddhas und den Hinweisen seiner Lehren zu folgen. Dazu sucht man Zuflucht in der spirituellen Gemeinschaft Sangha, der Lehre Dharma und in Buddha selbst. Dies ist notwendig, da der Mensch nach Ansicht des Buddhismus einen Zufluchtsort benötigt, der außerhalb des Lebenskreislaufs aus Wiedergeburt und Karma liegt, sowie unabhängig von sozialen Gefügen ist, da jeder Mensch selbst Teil des Kreislaufs ist. Anschließend verpflichtet man sich dazu, die fünf Silas zu befolgen, um Zuflucht zu erhalten.

Dies sind: Nicht töten oder verletzen, nicht lügen oder lästern, nicht stehlen, nicht Sex zum reinen Vergnügen haben, sondern die Sinne trainieren, sowie nicht berauschende Mittel konsumieren, die das Bewusstsein trüben. Diese Silas gelten für alle Gläubigen, jedoch legen die buddhistischen Mönche sie für sich sehr streng aus und leben in strikter Askese in ihrem Kloster.

Hat man sich dazu entschieden, Zuflucht in den drei Komponenten der Gemeinschaft, der Lehre und des Buddhas zu suchen und dem Weg Buddhas zu folgen, so ist es wichtig, sich an den Vier Edlen Wahrheiten zu orientieren. Diese sind der Hauptbestandteil der Lehre Buddhas und sie sollen helfen, Erkenntnis über die Wahrheit und das Leben zu erlangen, um friedlich und erwacht leben zu können. Die Vier Edlen Wahrheiten besagen Folgendes:

Erstens: Es gibt Leiden. Buddha sieht das Leid als Essenz des Lebens an, das alle Teile – Geburt, Tod, Krankheit, Alter, Trennung, Arbeit – durchzieht. Er unterscheidet dabei zwischen den drei Spielarten Leid des Leidens, der Veränderung und der Bedingtheit. Das bedeutet, dass der Mensch am Leid und Schmerz selbst, an der Sprunghaftigkeit und an der Begrenztheit des Lebens leidet.

Zweitens: Das Leid hat einen Ursprung. Dabei wirken verschiedene Aspekte zusammen. Grundsätzlich entsteht Leid in einem Menschen dadurch, dass er unwissend ist und das Leben sowie das Leiden nicht gänzlich verstehen und durchdringen kann. Auf diese Weise ist es ihm nicht möglich, zu erkennen, dass alles, was er erfährt, tut, denkt und sagt, zusammenhängt und sich gegenseitig bedingt. Stattdessen lebt jeder Mensch in einem Dilemma der Subjektivität und kann so das Leben nur aus seiner subjektiven Wahrnehmung, jedoch nicht aus einer äußeren Erkenntnis betrachten. Dadurch trennt der Mensch zwischen Ich und Du, zwischen Außen und Innen und nimmt die Aspekte des Lebens als getrennt und unabhängig wahr. Aus diesem Spannungsfeld entstehen die menschlichen Leiden, wie ungestillter Lebensdurst, Hass, Verblendung, das Haften an Gegenständen, Gier, Neid und viele weitere Leiden.

Drittens: Es gibt einen Weg, um das Leiden zu überwinden. Dieser besteht eigentlich nur daraus, das menschliche Verlangen und Begehren aufzugeben. Denn wer nicht länger nach Dingen, Menschen, Positionen, Macht oder Liebe strebt, der kann in sich selbst ruhig leben. Das führt dazu, dass er nicht länger Taten ausführt, die gut oder böse sind und sich in der Form von Karma akkumulieren. Stattdessen wird der innere Geist friedlich.

Viertens: Der Weg hat verschiedenen Pfade. Wer diese acht Pfade befolgt, der kann den Weg gehen und das Leiden überwinden. Voraussetzung dafür ist es, das richtige Maß zwischen Selbstzüchtigung und Genusssucht zu finden. Dabei hilft die Orientierung an dem achtfachen Pfad, der aus rechter Anstrengung, Sammlung, Achtsamkeit, Gesinnung, Rede, Leben, Handeln und Erkenntnis besteht.

Wer sich an den Vier Edlen Wahrheiten orientiert, der erreicht Erkenntnis und einen friedlichen Geist. Dazu trägt die Vorstellung von Karma bei, denn Buddhisten glauben, dass Karma durch das menschliche Handeln entsteht. Dieses Handeln differenzieren sie in Handlungen des Geistes, also Gedanken, in Handlungen der Rede, also gesprochene Worte, und in Handlungen des Körpers, also Taten. Dabei führt jeder Mensch in seinem Leben alle drei Arten der Handlungen aus. Allerdings sind viele menschliche Handlungsmotivationen gut oder böse geprägt. Auf dieser Grundlage sammelt sich Karma, das gut, schlecht oder neutral sein kann und die Basis für alles zukünftige Erleben und Handeln bildet. Es beeinflusst den weiteren Verlauf der aktuellen, nachfolgenden und späteren Leben, an die die Buddhisten durch Wiedergeburt glauben. Grundlage dafür ist die buddhistische Ansicht, dass – wie bereits erwähnt – alles zusammenhängt. Auf diese Weise existiert alles in wechselseitiger Abhängigkeit. So kann das Karma Ursache, Folge und Bedingung sein. Außerdem erklärt diese Vorstellung von der Abhängigkeit aller Dinge die Vorstellung des Daseinskreislaufs aus Geburt, Tod und Wiedergeburt, der auch Samsara genannt wird. Wie genau dieses Konzept des Karmas und des Samsaras funktioniert, wird im nachfolgenden Kapitel erläutert.

Tipps zur Umsetzung

Die Kernfragen des Buddhismus wirken sehr abstrakt und theoretisch. Dennoch gibt es auch für Menschen, die außerhalb des Buddhismus leben, die Möglichkeit, die Vier Edlen Wahrheiten in ihr Leben zu integrieren, um so eine friedliche innere Einstellung zu erlangen. Voraussetzung dafür ist, Schmerz im Leben als gegeben anzusehen. Allerdings sollte man dabei immer bedenken, dass jeder Schmerz eine Ursache hat: Unzufriedenheit mit sich selbst, Abweisung durch einen geliebten Menschen, unerfüllte Bedürfnisse, traumatische Verluste. Trotzdem kann jeder es schaffen, diesen Schmerz zu überwinden. Dazu kann es helfen, achtsam zu leben. Das bedeutet, dass man auf sich selbst und auf seine Mitmenschen achtet: Was fühle ich? Was ist der Auslöser dafür? Wie ist die aktuelle Situation? Was kann ich verändern, damit es mir besser geht? Diese achtsame Betrachtung des Lebens kostet Anstrengung und muss sich auf das eigene Handeln sowie auf die innere Lebenseinstellung auswirken. Dennoch kann man so Erkenntnis über sich, sein soziales Umfeld und die aktuelle Lebenssituation erlangen und so selbst dafür sorgen, dass alles sich zum Positiven verändert. So schafft man es, zufriedener zu leben.

Buddhismus als Lehre des Friedens

Dieses oberste Ziel des inneren Friedens prägt die gesamte buddhistische Religion. Frieden ist der zentrale Aspekt, den die Lehren Buddhas anstreben. Darunter versteht man jedoch nicht nur den äußeren Weltfrieden, dessen Vorstellung man auch aus anderen Religionen kennt. Vielmehr geht es im Buddhismus darum, dass jeder Mensch in sich selbst einen friedlichen Geist erreichen muss. Denn dann sind alle Handlungen neutral und das kosmische Karma hat weder positive noch negative Auswirkungen, sodass jeder in sich selbst friedlich leben kann. Das Leid wird beendet sein und der Mensch kann in Erkenntnis sein.

Um diesen inneren Frieden zu erreichen, wurden die bereits erwähnten fünf Silas entwickelt. Diese gelten jedoch nicht als Gesetze oder Verbote, sondern sie sollen Orientierung und Richtung bieten, um den Weg des Buddhas einschlagen zu können und so die Vier Edlen Wahrheiten über den achtfachen Pfad erreichen zu können. Aus diesem Grund sind die fünf Silas die ethischen Grundsätze der Buddhisten, die den Laien dabei helfen sollen, die Handlungen und inneren Einstellungen auf die Weise zu verändern, dass sie ein friedliches, glückliches und heilsames Leben erreichen können. Wichtig dabei ist, sich selbst in Gedanken, Worten und Handlungen zu reflektieren, um die Bedingungen für den Weg des Buddhas sicherzustellen.

Jedoch bilden die fünf Silas bei den buddhistischen Mönchen und Nonnen nicht nur Orientierung, sondern es wurden strenge Ordensregeln entwickelt, deren Einhaltung Voraussetzung für das Leben im Kloster ist. Außerdem gibt es bestimmte Glaubensrituale, die die Mönche und Nonnen durchführen, um inneren Frieden zu erlangen.

Buddhistische Glaubensrituale

Das bekannteste Glaubensritual, das inzwischen auch Laien und selbst Nicht-Buddhisten in der westlichen Welt durchführen, ist die Meditation. Dabei bildet es im Buddhismus ursprünglich eine der wichtigsten Stützen des Glaubens neben den ethischen Grundsätzen und der Erkenntnis, die in der Zuflucht zu Buddha, Dharma (die Lehre) und Shanga (Glaubensgemeinschaft) erlangt werden sollen. Das liegt daran, dass die Buddhisten durch Meditation ihre Achtsamkeit stärken und so Einsicht erlangen wollen. Diese Art der Meditation bezeichnet man auch als Vipashyana. Ein anderes Ziel bei der Meditation kann das Trainieren von Konzentration und die Sammlung in sich selbst sein. Das wird auch als Shamatha bezeichnet.

Grundsätzlich wollen die Mönche und Nonnen in der Meditation durch Konzentration und Achtsamkeit Einsicht in die sogenannten Drei Daseinsmerkmale erhalten. Diese besagen, dass alles vergänglich ist (Anitya) und man deswegen keinen dauerhaften Zustand von Glück erreichen kann auf der Erde (Duhkha), da das ewige Selbst, das unveränderlich ist, über irdische Phänomene hinausragt (Anatman). Aus diesem Grund muss man in der Meditation daran arbeiten, sich selbst im Inneren zu finden, um so geistigen Frieden zu erlangen und über dem irdischen Verlangen zu stehen.

Neben den Mönchen und Nonnen trainieren sich auch buddhistische Laien in der Meditation. Jedoch können diese der Meditation nicht so folgen wie die Mönche und Nonnen, die ihr gesamtes Leben danach ausrichten. Denn die Laien müssen arbeiten und sich um ihre Familien kümmern. Aus diesem Grund ist es in buddhistischen Gemeinschaften üblich, dass die Mönche und Nonnen sich komplett auf die Meditation, das Studium der buddhistischen Schriften und das Spenden von Belehrungen konzentrieren und Dharma an die Laien verschenken. Diese Gabe wird als höchste Schenkung des Buddhismus gesehen. Dafür versorgen die Laien sie mit allem Lebensnotwendigen wie Unterkunft, Nahrung, Medizin und Kleidung.

Des Weiteren ist es eine buddhistische Glaubenspraxis, ein Glaubensbekenntnis zu sprechen. Dieses setzt sich aus der dreifachen

Bekundung der Zufluchtsformel zusammen, in der die Gläubigen bekennen, dass sie Zuflucht zu Buddha, Dharma und Sangha suchen und dadurch auch bereit dazu sind, ihr Leben neu auszurichten und nach den Lehren Buddhas zu streben.

Hinzu kommen diverse Gebete und Praktiken, die sich jedoch regional unterscheiden und sich in verschiedene Richtungen entwickeln. So ist es beispielsweise in Südostasien üblich, dass Laien täglich die regionalen Klöster oder Tempel aufsuchen, um Gaben wie Geld, Blumen oder Räucherstäbchen darzubringen oder heilige Reliquien in Gedenken an Buddha zu umrunden. In Tibet hingegen ist es weit verbreitet, dass gläubige Laien Mantras rezitieren, Gebetsräder drehen, sich niederwerfen und Pilgerfahrten unternehmen.

Grundsätzlich ist die höchste Tugend des Buddhismus das Geben, das als Dana bezeichnet wird. Das kann man damit erklären, dass es Ziel des Buddhismus ist, durch geistigen Frieden Erkenntnis zu erlangen und die irdischen Verlangen zu überwinden. Geben ist ein Zeichen dafür, dass dies gelingt, da man großzügig handeln kann. Dadurch zeigt man, dass man sich auf der moralischen und spirituellen Ebene entwickelt hat und irdischen Gütern entsagen kann. So kann man selbstsüchtiges Verhalten und das Anhaften an irdischem Wert überwinden. Damit verbunden ist auch, dass man sich mit anderen freuen kann, wenn sie etwas haben oder erhalten, statt neidisch zu werden. Aus diesem Grund handelt es sich auch bei Dana um eine innere Einstellung, die man trainieren kann. Buddhistische Gemeinschaften werden davon durchzogen und die Großzügigkeit der Menschen richtet sich an die eigene Familie, an Freunde, Gäste, aber auch an Angestellte, Arme und Tiere.

All diese Ansätze und Praktiken haben inzwischen auch Einzug in die westlichen Gesellschaften gefunden. Dabei wird der Buddhismus von vielen Menschen auf diverse Weisen interpretiert und unabhängig vom Buddhismus als Religion in ihr Leben integriert. So wird der

Buddhismus im Westen gesehen als Philosophie, Meditationssystem oder Entspannungstechnik, Bewusstseinsschulung, Psychologie, Ethik, Erkenntnistheorie oder Lebenskunst. Auf diese Weise übernehmen die Menschen buddhistische Aspekte in ihr Leben und formen sie auf den Westen angepasst um. Dadurch entwickelt sich eine neue, westliche Form des Buddhismus. Die Grenzen zwischen den Mönchen sowie Nonnen, die im Westen wenig vertreten sind, und den Laien verschwimmen. Außerdem wird die buddhistische Ethik mit aktuellen Themen der Soziologie, Ökologie oder dem Feminismus verbunden. Aus diesen neuen westlich-buddhistischen Strömungen können auch Sie Teile in Ihr Leben integrieren.

Tipps zur Umsetzung

Versuchen Sie zum Beispiel, die Praxis der Meditation in Ihr Leben zu integrieren. Suchen Sie sich einen festen Zeitpunkt aus, den sie dafür in Ihrem Alltag reservieren. Außerdem kann es helfen, sich ein Ziel zu setzen. Was möchten Sie durch die Meditation erreichen? Wollen Sie Ihre Achtsamkeit schulen, ihren inneren Frieden stärken oder lernen, sich auf den Moment zu konzentrieren? Fällt die Meditation Ihnen schwer, so verwenden Sie Hilfsmittel. Schaffen Sie die richtige Atmosphäre, lassen Sie leise Musik laufen oder zünden Sie Räucherstäbchen an. Alternativ könnten Sie auch einen Meditationskurs besuchen oder an einem Online-Kurs teilnehmen.

Eine weitere Idee ist es, den Grundsatz des Gebens und der Großzügigkeit in Ihr Leben zu integrieren. Sind die materiellen Dinge, an denen sie haften, wirklich so wichtig für Sie und Ihr Leben? Lernen Sie, Abstand von Materiellem zu nehmen. Trainieren Sie, Ihre irdischen Verlangen nach Luxus, Erfolg und Aufmerksamkeit zu kontrollieren. Konzentrieren Sie sich auf sich selbst, denn Sie allein können sich glücklich machen. Gönnen Sie Ihren Mitmenschen jeglichen Erfolg und freuen Sie sich mit ihnen. Vergleiche und Neid sind nicht notwendig. Sammeln Sie sich in sich selbst.

Die buddhistische Karmalehre

Vorangehend konnten Sie viel über den Buddhismus als Religion, die historischen Ursprünge, die theoretischen Grundsätze und die praktischen Glaubensrituale des Buddhismus erfahren. Dabei wurde die buddhistische Vorstellung über das Konzept des Karmas bereits angedeutet. Im Nachfolgenden soll diese Lehre jedoch vertieft dargestellt und erläutert werden.

DAS KONZEPT DES KARMAS IM BUDDHISMUS

Die Karmalehre ist einer der zentralsten Aspekte des Buddhismus, da sie Auswirkungen auf die gesamte Wahrnehmung und Deutung des menschlichen Lebens hat. Wer an Karma glaubt, der geht davon aus, dass alles zusammenhängt. Jede Tat hat eine Folge, das heißt, alles folgt dem Gesetz von Ursache und Wirkung. Was man also erlebt, ist lediglich die Wirkung der Taten, die man zuvor begangen hat. Heilsame

Taten führen dabei zu Glück, unheilsame Taten zu Leiden. Das ganze Leben ist eine Wechselwirkung aus Handlungen und Folgen.

Da diese Funktionsweise des Lebens die drei Ebenen Gedanke, Wort und Tat eines Menschen betrifft, ist die innere Geisteshaltung entscheidend. Darunter versteht man den Willen, die Motivation oder die Absicht einer Person in Bezug auf eine Handlung. Denn wer etwa aus Gier, Neid oder Hass handelt, dessen Motivation ist unheilsam geprägt, sodass auch die Worte, Gedanken und Taten negativ sein werden. Auf diese Weise sammelt sich negatives Karma an. Jedoch funktioniert das auch im Gegenteil: Wer aus Großzügigkeit oder Mitgefühl handelt, dessen Geisteshandlung ist heilsam, die Absicht sowie die Taten sind positiv, sodass auch das angesammelte Karma positiv ist. Das bedeutet, dass Menschen, deren Geist und Tat heilsam sind, Glück erfahren werden.

Auf dieser Grundlage wird deutlich, weshalb das Arbeiten an der inneren Geisteshaltung im Buddhismus so entscheidend ist. Buddha legte mit den Vier Edlen Wahrheiten den Grundstein dafür. Dennoch ist das Konzept des Karmas kein determinierender Aspekt für ein menschliches Leben. Stattdessen ist es eine Aufforderung an jeden Einzelnen, heilsam zu handeln und in sich selbst Frieden zu finden, sodass man stets mit guter Absicht gute Taten vollbringen kann. Das dadurch entstehende positive Karma wirkt unterstützend auf diese innere Einstellung, indem der Mensch als Resultat Glück im Leben erfährt. Jeder sollte also seine Freiheit dazu nutzen, um Positives zu bewirken.

Des Weiteren beinhaltet das buddhistische Konzept von Karma eine klare Vorstellung davon, welche Charakteristika Karma trägt. Zum einen gehen die Buddhisten davon aus, dass Karma eindeutig ist. Das bedeutet, dass jeder nur die Folgen erhält, die ihm zustehen. Karma irrt sich nie und wirkt nie auf andere Menschen. Wenn demnach jemand die karmischen Folgen in seinem Leben als unfair empfindet, so kann das nie der Fall sein. Vielmehr ist es wahrscheinlich, dass diese Person sich über ihre eigenen Taten, Worte und Gedanken nicht in vollem Umfang bewusst ist.

Außerdem ist Karma definitiv und eindeutig: Wer sich heilsam verhält, wird immer positives Karma erfahren; wer sich jedoch unheilsam verhält, wird immer negative Konsequenzen erfahren. Zudem akkumuliert Karma sich, das bedeutet, dass es sich anhäuft und vermehrt. Menschen, die positives Karma durch heilsames Verhalten gesammelt haben, werden auch weiter positive Potentiale ansammeln können – es sei denn, ihr Verhalten wird unheilsam, denn dann widerfährt auch ihnen negatives Karma. Schließlich gehen Buddhisten davon aus, dass Karma niemals seine Kraft verliert, sondern immer auf die Menschen wirkt.

Das bedeutet, dass auch Taten, die längst nicht mehr im Bewusstsein einer Person vorhanden sind, dennoch irgendwann Auswirkungen auf das erfahrene Karma haben können. Zu dieser verspäteten Wirkung kann es kommen, da die Umstände noch nicht vollständig waren. Dennoch wird jede Tat früher oder später karmische Folgen haben. Trotzdem kann negatives Karma auch bereinigt werden. Das funktioniert dadurch, dass man die eigenen negativen Taten bereut und den negativen Willen überwindet. Anschließend muss man Gegenmittel anwenden, sich dazu entschließen, die unheilsamen Taten nicht zu wiederholen, und schließlich sollte man positive Taten vollbringen. Auf diese Weise ist es möglich, negatives Karma durch positives auszugleichen. Denn im Gesetz von Ursache und Wirkung wird niemand bestraft, sondern es treten lediglich die Resultate vorangegangener Entscheidungen ein. Alles, was noch nicht geschehen ist, kann verändert werden.

Ziel der Menschen soll dabei stets sein, die Ursachen von Leid zu erkennen, um sie beenden und überwinden zu können, sodass das Leid endet und das Erleben von dauerhaftem Glück möglich wird. Dabei gehen die Buddhisten davon aus, dass unheilsame Handlungen meist durch Unwissenheit und geistige Unruhe, weniger aber durch wahrhaftige böse Absicht entstehen, da jedes Lebewesen Glück erfahren möchte. Aus diesem Grund ist die Meditation so wichtig, da sie dazu führt, dass die Achtsamkeit, das Bewusstsein und der innere Frieden gestärkt werden. Wird diese innere Erkenntnis erlangt, kann man heilsam handeln, positives Karma erhalten und Glück erfahren. Dieser Zusammenhang ist unabdingbar. Damit ist die Lehre Buddhas ein unfehlbarer Weg, um glücklich zu werden. Man muss nur an sich selbst arbeiten.

Auf diese Weise führt die buddhistische Lehre zu mehr Eigenverantwortlichkeit der Menschen, da die Wirkung von Karma allein den Ursachen des eigenen Verhaltens entspringt. Alles, was in der Vergangenheit liegt, wirkt auf die Gegenwart und alle gegenwärtigen Handlungen werden Auswirkungen auf die Zukunft haben. Die Karmalehre ist demnach ein Aufruf an alle, an sich selbst zu arbeiten, negative Verhaltensweisen und Gewohnheiten abzulegen, die Ursachen für Leid zu überwinden und heilsam zu handeln, damit zu jedem Zeitpunkt positives Karma gesammelt werden kann, das schließlich zu Glück führen wird. Damit ist Karma kein Schicksal, sondern es ist das Verstehen des Lebens und die heilbringende Auslegung der individuellen Freiheit, das Leben so zu gestalten, dass man glücklich wird. Denn Karma funktioniert allein nach dem Ursache-Wirkung-Prinzip.

Dies kann man auch gut mit der Metapher von Samen und Frucht erklären. So ist jede Handlung, heilsam oder unheilsam, ein Samen, der später Auswirkungen in Form von Früchten haben wird. Die Wirkung ist also unumgänglich. Allerdings verliert der Samen seine Wirkung, sobald er Früchte trägt. Das bedeutet, dass die karmische Wirkung eintritt, jedoch auch wieder endet und nicht lebenslänglich Auswirkungen hat. Stattdessen finden neue Handlungen statt, die zu neuen Resultaten führen.

Dabei wird in der buddhistischen Karmalehre auch die Kraft einer Handlung, die heilsam oder unheilsam sein kann, definiert. Denn nur, wenn eine Handlung ihre volle Kraft entfaltet, dann wird das gesamte karmische Potential, sei es positiv oder negativ, entfaltet. Deshalb gehört zu einer Handlung als Erstes das Bewusstsein über die aktuelle Situation. Anschließend muss der Wunsch, aktiv zu werden, vorhanden sein. Darauf folgt die Ausführung der Handlung oder das Anweisen anderer, die Handlung auszuführen. Daran schließt Zufriedenheit an. Nur Handlungen, die diese Kriterien erfüllen, schöpfen ihre ganze Kraft aus.

Tipps zur Umsetzung

Die buddhistische Vorstellung von Karma lässt sich leicht auf das Leben, auch in westlichen Kulturen, übertragen. Denn es geht davon aus, dass jede Handlung eine Folge hat, die abhängig von der inneren Motivation zum Handeln ist.

Testen Sie sich selbst! Fragen Sie sich, warum Sie handeln, was Ihre Motivation dazu ist. Sind es gute oder böse Absichten? Dann können Sie an sich arbeiten, negative Gewohnheiten durchbrechen und so Schmerz verhindern. Ein Beispiel: Wenn Sie vor Ihren Freunden schlecht über Ihren Partner sprechen, tun Sie das vermutlich nicht unbedingt, weil er sich so schlecht verhält und Sie ihm zur Verbesserung verhelfen wollen. Stattdessen wollen Sie Bestärkung erfahren und nehmen dafür in Kauf, Ihren Partner negativ darzustellen, obwohl Sie ihn lieben. Vielleicht können Sie an Ihrer Achtsamkeit arbeiten, um ihre wahre Motivation für Handlungen zu erkennen. Dann können Sie negatives Verhalten unterbinden, Leid vermeiden und inneren Frieden erlangen. Probieren Sie es aus!

DAS „NICHT-SELBST"

Ein weiterer Aspekt der buddhistischen Karmalehre ist die Anatman-Lehre. Sie wird im Deutschen als Lehre vom „Nicht-Ich" oder „Nicht-Selbst" bezeichnet. Ihre Hauptaussage ist, dass es kein permanentes Ich des Menschen gibt. Das bedeutet, dass weder eine unsterbliche Seele noch ein unveränderlicher Wesenskern existieren, die den Menschen als das ausmachen, was er ist. Stattdessen ist das, was ein Mensch als das eigene Selbst wahrnimmt, laut Buddha lediglich eine Ansammlung der fünf Skandhas. Dies sind verschiedene Anhaftungen oder Aggregate des Menschen. Der Buddha unterscheidet zwischen Bewusstsein, Gefühlen, Wahrnehmungen, mentalen Gegebenheiten und diversen anderen Formen. Diese Skandhas seien veränderbar und dadurch beobachtbar. Denn die Wahrnehmung und das Bewusstsein über sich selbst variieren, Emotionen entstehen als Reaktion auf Ereignisse und auch die Wahrnehmung und Interpretation des Lebens kann sich verändern. Daraus resultiert, dass kein Mensch, kein Tier und auch kein Gegenstand ein dauerhaftes, unveränderbares und eigenständiges Ich hat. Stattdessen befindet sich alles in dem Kreislauf aus Ursache und Wirkung, überall findet bedingtes Entstehen statt.

Diese Anatman-Lehre soll jedoch nicht bloß eine theoretische Vorstellung über das Selbst sein, sondern die Buddhisten verstehen es als praktisches Konzept, das dazu inspirieren soll, spirituell aktiv zu werden. Denn nur in der Spiritualität kann die Wandelbarkeit und Vergänglichkeit der Natur und aller Phänomene erkannt werden. Auf diese Weise kann man schließlich Erkenntnis und Einsicht in die Wahrheit erlangen, um geistlich Frieden zu erlangen und Leiden zu beenden.

Allerdings hat diese Vorstellung von der Nicht-Existenz eines unveränderlichen Ichs Auswirkungen auf das später dargestellte Konzept der Reinkarnation. Denn laut Buddha gibt es keine menschliche Seele, die beständig wiedergeboren wird, sondern die Taten der Menschen sammeln sich als karmische Impulse, die sich schließlich verkörpern wollen. Diese Art der Wiedergeburt kann mit der Metapher einer Kerze veranschaulicht werden: Alle Handlungen sammeln sich als Karma in Form der Flamme, die durch Reinkarnation von Kerze zu Kerze und so auf verschiedene Existenzen übertragen wird.

DAS BEDINGTE ENTSTEHEN

Neben dem „Nicht-Selbst" ist auch das bedingte Entstehen ein relevanter Aspekt der buddhistischen Karmalehre, der vorangegangen bereits kurz angedeutet wurde. Doch was genau ist das?

Im Buddhismus existiert die Vorstellung vom Vorhandensein einer Kausalkette, die auch als die „Zwölf Glieder des abhängigen Entstehens" bezeichnet wird. Ihr wird zugeschrieben, dass sie beschreiben kann, wie durch menschliche Unwissenheit Leid entsteht. Außerdem kann sie darstellen, wie durch dieses Nichtwissen Auswirkungen auf das Handeln und Denken der Menschen entstehen. Dabei bezieht sie sich nicht nur auf das Geistige, sondern auch auf die körperlichen Aspekte und durchdringt so den ganzen Menschen. Aus diesem Grund sollen die Zwölf Glieder des abhängigen Entstehens dabei helfen, die eigene geistige Haltung und das Bewusstsein zu ergründen, um anschließend sich selbst verändern zu können. Auf diese Weise wird es möglich, schlechte Gewohnheiten und Probleme zu überwinden und neue Alltagsstrukturen aufzubauen. Schließlich wird dadurch die Qualität des Geistes geformt, der Weg zur Erkenntnis kann leichter gegangen werden und die karmischen Tendenzen werden beeinflusst. Demnach ist es wichtig, das abhängige Entstehen zu durchdringen und die Zwölf Glieder zu kennen.

Die Lehre über das abhängige Entstehen erläutert den oben bereits beschriebenen Zusammenhang von Ursache und Wirkung noch genauer. So macht sie deutlich, dass Wirkungen nur dann auftreten können, wenn die Ursachen, von denen sie abhängig sind, auch vorhanden sind. Das bedeutet, dass es ein bedingtes Entstehen, das in einem kausalen Zusammenhang steht, ist. Diese Wirkungsweise gilt sowohl für den materiellen als auch für den geistigen Bereich. Wo nichts ist, wo kein Auslöser oder Ursprung existiert, kann auch nichts entstehen. Aus nichts entsteht nichts. Alles ist abhängig. Jedes Entstehen braucht einen Anfang.

Diese Kausalkette des abhängigen Entstehens bildet die Grundlage für das Konzept des Karmas. Denn Karma folgt dieser Ursache-Wirkungs-Regel auf der inneren geistigen Ebene. So gibt es für alles, was ein Mensch erlebt, für jede Wirkung, die er erfährt, eine Ursache. Diese liegt in der Vergangenheit und entstand durch eigene Handlungen, Gedanken oder Worte, die zu positivem oder negativem karmischen Potential führten. Wer keine karmische Ursache auslöste, dem widerfährt auch keine Wirkung. Wer Glück oder Leid erfährt, hat dies selbst ausgelöst.

Diesen Zusammenhang veranschaulichen die Zwölf Glieder des abhängigen Entstehens. So besagt das erste Glied, dass die Grundlage für alles Weitere die Unwissenheit ist. Da ein Mensch weder sich selbst noch die Wahrheit über das Leben erkennt, entsteht in seinem Inneren ein Ungleichgewicht, was ein Störgefühl in ihm auslöst. Daraus entsteht das zweite Glied, nach welchem Gewohnheiten entwickelt werden, die neutrale, positive oder negative Tendenzen bewirken. Das dritte Glied besagt, dass daraus ein dualistisches Bewusstsein entsteht. Dieses setzt sich zum einen aus dem Basisbewusstsein, das durch Handlungen entsteht, und zum anderen aus dem herangereiften Bewusstsein, das Dinge bewirkt, zusammen. Im vierten Glied werden Name und Form beschrieben.

Darunter versteht man die fünf menschlichen Sinne, die fünf

Skandhas, die das Körperbewusstsein bewirken. Dabei bezeichnet Form die physische Entwicklung des Körpers, Name bezieht sich auf die anderen vier Skandhas: Geist, Bewusstsein, Gefühl und Unterscheidung. Dieser Aspekt wird im fünften Glied spezifiziert, indem die menschliche Sinnesfähigkeit und die Sinnesorgane als Schlüssel zur Wahrnehmung klassifiziert werden. Das sechste Glied des abhängigen Entstehens beschreibt die Berührung. Diese entsteht, indem ein Sinn durch die Sinnesorgane in Kontakt mit einem Objekt tritt – dies kann ein anderer Mensch, ein Tier oder ein Gegenstand sein. Durch den Kontakt entwickelt sich das siebte Glied des Gefühls, das unangenehm oder angenehm sein kann.

Durch die Gefühle wiederum kommt es zum achten Glied des Verlangens, das ein Mensch auf schwache, neutrale oder starke Weise erlebt. Anschließend führt das Verlangen zum Ergreifen, was das neunte Glied ist. Darunter versteht man das Streben nach dem Ergreifen einer Sache, nach der man sich sehnt. Auf diese Weise nimmt der Mensch die Illusion von einer Trennung zwischen Innen und Außen, zwischen seinem inneren Verlangen und den äußeren Zuständen, an. Daraus entwickelt sich das zehnte Glied, das Werden, welches die Kraft des Karmas und der Reinkarnation ist. Das elfte Glied ist die Geburt und das zwölfte Glied der Tod. So schließt sich der Kreislauf von Entstehen, Altern, Sterben und Wiedergeburt. Der Kreislauf des abhängigen Entstehens ist dadurch endlos und ewig in sich selbst bedingt. Er kann nur beendet werden, wenn kein neues karmisches Potential abhängig von gutem oder schlechtem Verhalten generiert wird, sodass der Kreislauf der Existenz durchbrochen wird, da es keine neuen Ursachen und somit auch keine Wirkungen mehr geben kann.

Zusammengefasst bestehen die Zwölf Glieder des abhängigen Entstehens aus Unwissenheit, Gewohnheiten, dualistischem Bewusstsein, Name und Form, Sinnesorgane, Berührung, Gefühl,

Verlangen, Ergreifen, Werden, Geburt und Tod.

Ziel dieses Konzepts der Zwölf Glieder ist, dass man das abhängige Entstehen durchdringen und beeinflussen kann. Denn wer sich über die zwölf Glieder bewusst ist und deren Wirkung versteht, der kann durch die Stärkung des eigenen Bewusstseins aktiv in sein Leben eingreifen und es so verändern, dass sich das abhängige Entstehen positiv auswirkt. Außerdem kann man es dadurch schaffen, schlechte Angewohnheiten zu überwinden, indem die Unwissenheit beendet wird, man sich über Wahrnehmungen, Gefühle, Verlangen und Erstrebungen bewusst wird und deren Ursache erkennt. So kann man den Kreislauf des karmischen Werdens durchbrechen, Geburt und Tod überwinden und das friedliche Ende des Kreislaufs der Existenz erreichen.

Tipp zur Umsetzung

Eine gute Methode, um den ersten Schritt der Überwindung der Unwissenheit zu erreichen, ist die Meditation, in der man sich fokussieren, geistig stärken und Erkenntnis erlangen kann.

Denken Sie darüber nach, warum bestimmte Dinge in Ihrem Leben existieren. Was war der Auslöser? Wie sind sie entstanden? Denn ohne Ursache gibt es keine Wirkung. Um in Ihrem Leben etwas verändern zu können, müssen Sie die unangenehmen Teile und Probleme – bildlich gesprochen – an der Wurzel packen, um sie von Grund auf zu ersticken. Nur so können Sie es schaffen, sich über Ihr Leben bewusst zu werden, den Zusammenhang von Wahrnehmung und Verlangen zu erkennen und Ihre Handlungen auf positive Wirkungen auszurichten.

Wenn Sie zum Beispiel unzufrieden damit sind, dass Sie oft bis spät in die Nacht arbeiten, dann fragen Sie sich, wo die Ursache liegt. Wo liegt der unentdeckte, unbewusste Aspekt, der zu dieser Wirkung führt? Es könnte zum Beispiel sein, dass Sie sich diese Gewohnheit angeeignet haben, da Sie insgeheim mit Ihrem Leben unzufrieden sind und Leere wahrnehmen, die in Ihnen das Gefühl der Einsamkeit und Nutzlosigkeit auslöst. Darauf reagieren Sie mit dem Verlangen, gebraucht zu werden, und Ergreifen die Arbeit als Gegenmittel. Wenn Sie diesen Kreislauf erkannt haben, können Sie ihn durchbrechen. Suchen Sie sich andere Dinge, die Ihr Leben und Ihren Geist positiv erfüllen. Beginnen Sie ein neues Hobby, treffen Sie sich mit anderen Menschen, ziehen Sie um, wechseln Sie den Beruf. Sie allein können sich durch das Verändern der Ursachen positive Wirkungen beschaffen und sich selbst glücklich machen.

REINKARNATION

Ein weiterer wichtiger Aspekt der buddhistischen Karmalehre ist die Reinkarnation, also die Idee der Wiedergeburt. Dabei gehen Buddhisten davon aus, dass die menschliche Seele, die durch das „Nicht-Selbst" in Form karmischer Energie existiert, als ein neues empfindendes Wesen in einem Existenzbereich, wie beispielsweise der Erde, wiedergeboren wird. Ziel davon ist es, dass die positive oder negative karmische Energie ausgeglichen wird. Dabei ist Karma nicht auf ein Leben beschränkt, sondern es wirkt auch auf das nachfolgende und alle späteren Leben. Auf diese Weise ist jedoch auch das aktuelle Leben vom Karma der vorangegangenen Leben beeinflusst. Denn erst derjenige, der kein karmisches Potential, positiv oder negativ, mehr angesammelt hat, der kann den Kreislauf der Reinkarnation verlassen. Das bedeutet, dass die Buddhisten daran glauben, dass der Geist kontinuierlich wiedergeboren wird und viele Leben in unterschiedlichen Gestalten durchläuft.

In diesem Zusammenhang steht auch das Konzept des Samsara. Dieser Begriff bezeichnet den ewigen Kreislauf der Existenzen, in die man durch karmisches Potential wiedergeboren wird. Wer schließlich einen reinen Geist erreicht und kein Karma mehr sammelt, der verlässt Samsara und gelangt ins Nirwana. Damit bezeichnen Buddhisten den befreiten Zustand des Geistes, der nicht mehr am Kreislauf teilnehmen muss, da er Erkenntnis erlangt und Frieden erreicht hat. Der Eingang ins Nirwana ist somit das oberste Ziel des Buddhismus und das angestrebte Ende von Buddhas Weg.

Dennoch sind Samsara und Nirwana räumlich nicht getrennt. Eine befreite Seele gelangt nicht an einen anderen Ort, wie es zum Beispiel im Christentum in Form des Paradieses die Vorstellung ist. Stattdessen erreicht der Geist einfach einen anderen, befreiten Zustand und befindet sich dadurch frei von Karma im Nirwana. Wer nicht befreit im Samsara existiert, der hat die Erleuchtung noch nicht erreicht und unterscheidet deshalb zwischen Ich und Du, zwischen Außen und Innen und stimmt darauf seine Handlungen ab. Auf diese Weise, durch die Dualität und Unwissenheit des Geistes, sammelt sich Karma. Denn der Geist strebt nach Dingen, die er als außerhalb interpretiert, dem Du zuordnet und von sich selbst gelöst wahrnimmt. So entstehen Anhaftungen, Emotionen und daraus resultierende Handlungen, wie es in den Zwölf Gliedern des abhängigen Entstehens bereits ausführlich beschrieben wurde. Durch die darauffolgenden schlechten Angewohnheiten bildet sich aufgrund des Ursache-Wirkungs-Prinzips Karma, sodass Samsara nicht verlassen werden kann.

Die Reinkarnation im Kreislauf Samsara folgt der buddhistischen Vorstellung nach bestimmten Prinzipien, die festlegen, in welcher Form man wiedergeboren wird. Auslöser ist jeweils das Störgefühl, das in der Existenz vorherrschend war. Es bewirkt, in welchen der sechs Daseinsbereiche man wiedergeboren wird: Wer überwiegend in Stolz gelebt hat, der wird in den Daseinsbereich der Götter wiedergeboren. Dieser Zustand ist angenehm und langlebig, allerdings vergänglich. So endet er, sobald das gute Karma aufgebraucht ist. In den zweiten Daseinsbereich der Halbgötter wird geboren, wer von Eifersucht geplagt lebte. Auch dieser Zustand ist angenehm, allerdings wird man nach wie vor von starker Eifersucht auf die Götter geprägt, die sogar dazu führt, dass man versucht, jenen zu schaden. Das Störgefühl der Begierde führt zum dritten Daseinsbereich als Mensch. Dieser Zustand ist geprägt durch gemischtes Karma. Auf der einen Seite erlebt man Leid durch Geburt, Tod, Krankheit und Alter, doch auf der anderen Seite ist man auch zu schönen Dingen wie Mitgefühl und Liebe fähig.

Der vierte Daseinsbereich ist die Wiedergeburt als Tier, die man durch Dummheit erreicht. Dabei zählt lediglich das Prinzip „Fressen oder gefressen werden". Durch Geiz gelangt man in den fünften Daseinsbereich als Hungergeist. In diesem Zustand erfährt man großes Leid, da man einen großen Bauch, aber einen dünnen Hals hat. So kann man keine Nahrung aufnehmen und leidet an Hunger. Schließlich führt das Störgefühl des Zorns zum sechsten Daseinsbereich. Wer diese Wiedergeburt erlebt, der befindet sich als Höllenwesen in einer Paranoiawelt und muss unsägliches Leid ertragen. Denn man fühlt, wie man immer wieder gekocht wird oder erfriert.

Trotz der klaren Abtrennung und den strikten Prinzipien existieren die sechs Daseinsbereiche der buddhistischen Vorstellung auch auf der Erde. Denn wer reich ist und in einer Villa lebt, der wurde als Gott wiedergeboren. Wer hingegen zum Beispiel ein starkes psychisches Leiden hat, der befindet sich in der Paranoiawelt. Auf diese Weise sind die sechs Daseinsbereiche keine klar getrennten Parallelwelten, sondern sie sind alle Projektionen der Existenzen, die sich durch die gleichen karmischen Potentiale im Samsara befinden. Je nach Karma kann man durch die Reinkarnation in den Existenzbereichen steigen oder fallen; Gutes oder Schlechtes erfahren.

Dennoch wird der Zustand als Mensch bevorzugt, denn er erlebt als einziger Daseinsbereich sowohl gutes als auch schlechtes Karma. Auf diese Weise ist es ihm möglich, Leid und Glück zu unterscheiden und zu erkennen, dass er etwas ändern und sich auf den buddhistischen Weg zur Erkenntnis machen soll. Dadurch kann es gelingen, dass man die Daseinsbereiche des Samsara nicht länger als die Wirklichkeit ansieht, sondern die wahre Natur des Geistes und die Abhängigkeit von Karma erkennt. Durch diese Erkenntnis kann man frei werden, Samsara verlassen und ins Nirwana eingehen.

DREI ARTEN VON KARMA

Der gesamte Existenzkreislauf des Samsara ist abhängig von dem Karma, das ein Wesen in seinem Daseinsbereich sammelt. Dabei werden drei Arten von Karma unterschieden: Prarabdha, Sanchita und Agami.

Das Prarabdha-Karma bezeichnet die Art von Karma, die bereits begonnen hat. Das bedeutet, dass es sich auf Handlungen bezieht, die bereits stattgefunden haben, sodass es schon jetzt Auswirkungen hat. Es ist vergangenes Karma, das auf den gegenwärtigen Daseinsbereich wirkt und nicht mehr verändert werden kann. Denn es hat sich aus den vorherigen Handlungen angesammelt und muss jetzt durch Erleben aufgearbeitet werden. Es wirkt schon und nur so kann es vergehen.

Das Sanchita-Karma ist angehäuftes Karma, das sich aus allem in der Vergangenheit Liegenden angesammelt hat. Dieses Karma wirkt nicht direkt, sondern es hat sich in dem Charakter eines Menschen festgesetzt und äußert sich zum Beispiel durch Charaktereigenschaften, Begabungen, Neigungen, Anlagen und Wünsche. Dennoch kann es beeinflusst werden. Gelingen kann dies beispielsweise durch spirituelle Praktiken wie Meditation oder Gebet sowie durch ehrenamtliches Handeln oder das Verbreiten von Liebe an die Mitmenschen.

Die dritte Art des Karmas ist das Agami-Karma. Es wird gerade im gegenwärtigen Leben gesammelt, sodass es in zukünftigen Existenzen wirken wird. Wer zum Beispiel ein Verbrechen begeht, der wird möglicherweise nicht sofort Konsequenzen erleben, jedoch sammelt sich das Karma und wird irgendwann wirken. Es ist das zukünftige Karma, das als Resultat der gegenwärtigen Handlungen entsteht.

Zur Verdeutlichung dieser drei Arten von Karma gibt es in den buddhistischen Schriften eine Analogie. Diese besagt, dass ein Bogenschütze einen Köcher mit Pfeilen auf seinem Rücken hat. Sie sind das Sanchita-Karma. Außerdem hat er gerade einen Pfeil abgeschossen. Das kann er nicht rückgängig machen. Deshalb stellt dieser Pfeil das Prarabdha-Karma dar. Des Weiteren hat der Bogenschütze einen Pfeil in der Hand, den er gleich abschießen wird. Das ist das Agami-Karma. Der Bogenschütze spürt die Wirkungen der Pfeile im Köcher und des abgeschossenen Pfeils in seinem gegenwärtigen Leben. Den Pfeil, den er noch in der Hand hält, schießt er in seinem aktuellen Leben ab, sodass er dessen Auswirkungen in einem zukünftigen Leben erfahren wird.

Tipp zur Umsetzung

Vielleicht können Sie einen Teil der Vorstellung von drei Arten von Karma auf Ihr Leben übertragen. Denn es gibt Aspekte im Leben, Auswirkungen aus der Vergangenheit, die man nicht mehr verändern kann. Haben Sie zum Beispiel durch eine Affäre Ihren Partner verloren, so müssen Sie das Ergebnis der Trennung nun ertragen. Sie können den Auslöser, die Affäre, nicht rückgängig machen (Prarabdha). Dennoch können Sie an sich selbst arbeiten und so beispielsweise verhindern, dass Sie sich erneut so verhalten, fremdgehen und eine Beziehung zerstören (Agami). Dabei wird das gesamte Verhalten von den eigenen Charakterzügen (Sanchita) beeinflusst. Doch auch an diesen kann man arbeiten und sich selbst verändern.

Das Gesetz von Ursache & Wirkung

In den vorherigen Kapiteln wurde ausführlich auf die Bedeutung des Buddhismus sowie die Konzepte der buddhistischen Karmalehre eingegangen. Doch wie genau ist der Gesamtzusammenhang zu verstehen? Ist Karma eine andere Bezeichnung für Schicksal? Welchen Gesetzen folgt es?

ALLES IST MITEINANDER VERBUNDEN

Der buddhistischen Auffassung nach kann man die Vorstellung von Karma keineswegs der Idee eines menschlichen Schicksals gleichsetzen. Stattdessen sind Samsara und Karma eine Aufforderung, Verantwortung zu übernehmen und die persönliche Freiheit dazu zu nutzen, die Unwissenheit des Geistes zu überwinden und den Weg der Erkenntnis zu gehen.

Dabei ist nichts vorherbestimmt oder durch altes Karma determiniert, sondern alles ist im Fluss, alles kann sich verändern und alles fließt ineinander. Jede Handlung hat eine Folge; jede Ursache löst eine Wirkung aus. Für diesen Zusammenhang ist weder ein äußerer Gott noch eine höhere Macht, weder ein festgelegtes Schicksal noch unüberwindbares Karma verantwortlich. Stattdessen ist jeder Mensch für sein eigenes Leben, für die persönlichen Handlungen und die individuellen Erlebnisse verantwortlich. Diese Verantwortung betrifft jedoch nicht nur das gegenwärtige Leben, sondern es beinhaltet Auswirkungen aus vergangenen Leben und wird Folgen für das nachfolgende sowie die kommenden Leben haben.

Dabei liegt jede Erfahrung im Geist, welcher karmisches Potential ansammelt und gleichzeitig der Ursprung des Handlungswillens, der über den Charakter des Karmas entscheidet, ist. Darüber muss man sich bewusst werden, um zu erkennen, dass es einen Zusammenhang zwischen dem Erlebten und dem eigenen Verhalten gibt. Denn jede Handlung, jeder Gedanke und jedes Wort bilden, je nach Motiv dahinter, die Ursache für alle Ereignisse, die man als Wirkung darauf erfährt. Alles, was geschieht, hängt zusammen. Damit ist auch die Vorstellung einer Trennung zwischen Ich und Du, zwischen Außen und Innen fehlerhaft. Wer dieser Wahrnehmung folgt, der wird sich irren und unheilsam handeln, da in ihm durch die Trennung Verlangen und Anhaftungen entstehen, die das Motiv seiner Handlungen negativ beeinflussen. Erkennt man jedoch, dass die Erfahrungen nicht außen verursacht werden, sondern aus dem eigenen Geist heraus entstehen, und nimmt man wahr, dass man nicht getrennt von der Welt, sondern als Teil davon existiert, dann kann man die Unwissenheit überwinden und sich selbst als Teil des gesamten Existenzflusses begreifen.

Anschließend wird es möglich, dem Weg Buddhas zu folgen und die Vier Edlen Wahrheiten zu erkennen. Denn Leid entsteht nicht zur Bestrafung, sondern rein aus geistiger Unwissenheit über die Gesetze von Ursache und Wirkung, denen alles folgt. Jedes Wesen, jeder Geist, die Natur, alles ist im Fluss und beeinflusst sich gegenseitig. Alles folgt den Gesetzen des Karmas.

Dabei vertritt die buddhistische Lehre jedoch die Ansicht, dass man nicht zwischen Gut und Böse unterscheiden kann. Anders ist das in der Vorstellung von Schicksal, das einen Menschen belohnen oder bestrafen kann. Karma hingegen ist weder gut noch böse, sondern laut Buddha völlig wertfrei. Es will weder Gutes noch Schlechtes tun, es stellt keine höhere Macht da und es wirkt auch nicht von außen auf den unfreien, hilflosen Menschen. Stattdessen entsteht Karma als Energie, als Potential, das positiv, negativ oder neutral geprägt ist. Auslöser dafür ist das eigene Verhalten sowie die innere Absicht hinter dem Verhalten. Karma ist also lediglich die energetische Folge der geistigen Beschaffenheit und es wirkt nur, weil alles durch das Gesetz von Ursache und Wirkung verbunden ist.

Tipp zur Umsetzung

Jeder hat sich schon über Umstände und Ereignisse in seinem Leben geärgert – sei es über das kaputte Auto, die nicht bestandene Prüfung, den verpassten Anruf oder den unnötigen Streit. Oftmals neigen wir dazu, die Schuld dafür auf andere, oder, wenn das nicht mehr gelingt, auf eine höhere Macht, die uns bestrafen will, zu schieben. Das ist der leichteste Weg, mit dem Ärger umzugehen, da man einen Schuldigen hat, der außerhalb des eigenen Ichs liegt. Selbstverständlich gibt es Situationen, für die man nicht verantwortlich ist und die andere ausgelöst haben. Dennoch ist es hilfreich, die eigene Einstellung zu überdenken. Jeder von uns ist frei, eigenständig und für sich selbst verantwortlich. Es wird Zeit, dass Sie sich dieser Freiheit, die bereits in der Zeit der Aufklärung thematisiert wurde, wieder bewusst werden: *„Der Ausgang des Menschen aus seiner selbst verschuldeten Unmündigkeit“ (Kant)*[1]. Machen Sie sich klar, dass Sie allein für Ihr Leben, Ihr Verhalten und Ihren Geist verantwortlich sind. Nur Sie können etwas ändern, nur Sie können Einfluss auf Ihr Leben nehmen.

---

1 http://immanuel-kant.net/philosophie-werke/zeitalter-der-aufklaerung/aufklaerung (03.04.2020)

Diese Einstellung soll nicht dazu führen, alle Schuld der Welt auf sich zu nehmen oder sich für jeden kleinen Fehler selbst in die Mangel zu nehmen. Stattdessen sollen Sie es als Möglichkeit wahrnehmen, Ihr Leben selbst in die Hand zu nehmen. Ärgern Sie sich über unschöne Ereignisse, beschweren Sie sich über Ihre Mitmenschen, die Schuld daran sind, zum Beispiel über den Idioten, der in Ihr Auto fährt oder über den Prüfer, der Sie unfair behandelt hat, vielleicht auch über den Partner, der sich weigert, mitzuhelfen, und unnötig Streit hervorruft.

Ärgern Sie sich, aber verlieren Sie sich nicht in diesem Zustand. Überwinden Sie die Emotionen, machen Sie sich frei davon und übernehmen Sie selbst die Verantwortung. Sie allein entscheiden, ob Sie sich von diesem Ärger leiten lassen und Ihr Leben danach ausrichten wollen oder ob Sie nicht andere Charakterzüge Ihres Geistes hervorbringen und diese die Ereignisse in Ihrem Leben lenken lassen wollen. Sie sind verantwortlich für alles, was in Ihrem Leben geschieht. Machen Sie sich dessen bewusst und gehen Sie verantwortungsbewusst mit Ihrer Freiheit im Gesamtzusammenhang des Lebens um.

ALLES IST IM FLUSS

In so mancher Philosophie wird das Bild eines Lebensflusses verwendet, der einer Quelle entspringt und in einer höheren Macht endet. Das Leben ist ein Fluss. Diese Ansicht teilte der Buddha, wenn auch nicht komplett. Denn seine Vorstellung war viel weitreichender, nicht nur der Fluss des Lebens fließt, in dem wir mehr oder minder beteiligt mittreiben, sondern alles ist im Fluss, alles fließt. Alles verändert sich. Nicht nur das Leben und die äußeren Umstände, sondern auch man selbst, der Geist, der Charakter ändern sich. Der Mensch selbst ist im Fluss, verändert sich und bleibt nicht so, wie er einmal war oder gerne wäre. Stattdessen unterliegt alles dem stetigen Strom der Veränderung. Zeit vergeht, Dinge ändern sich, Menschen ändern sich. Grund dafür ist die oben bereits dargelegte allumfassende Verbundenheit aller Existenzen im ewigen Kreislauf des Lebens.

Doch genau das ist im Buddhismus das Entscheidende, das das Leben als solches prägt. Denn würde der Kreislauf stillstehen, so gäbe es lediglich Stillstand, in welchem kein Dasein möglich wäre. Denn Veränderung ist etwas Gutes und Wertvolles. Die fließende Wandlung des eigenen Charakters, der zwischenmenschlichen Beziehungen und der Lebensumstände ist das, was das Leben spannend und lebenswert macht. Es bietet Herausforderungen, neue Chancen und Potential, um alles zum Besseren zu verändern.

Trotzdem machen Veränderungen dem Menschen Angst und er ruht sich stattdessen gerne auf Gewohnheiten aus. Das liegt daran, dass man in bekannten Situationen wenig riskieren muss und so die Möglichkeit des Scheiterns gering hält. Dennoch ist Stillstand falsch und schädlich, denn es nimmt jedem Lebewesen die Möglichkeit, aus Fehlern lernen und es besser machen zu können. So beruht die Lehre Buddhas auf dem Fließen des Lebens, denn nur so ist es möglich, geistige Erkenntnis zu erlangen, Leid zu überwinden, karmisches Potential zu vermeiden und in das ersehnte Nirwana einzugehen.

Diese Gefahr des Stillstands beschreibt bereits Max Frisch in seiner Bildnistheorie, indem er darlegt, dass die Liebe ende, wenn man sich ein Bild von seinem Partner mache. Denn damit nehme man ihm jegliches Potential zur Veränderung und ist nicht länger bereit, den Lebensweg mit ihm zu teilen. So müsse die Beziehung unweigerlich enden, da sie nicht länger Teil des Flusses sein könne: *„Wir verweigern ihm den Anspruch alles Lebendigen, das unfassbar bleibt, und zugleich sind wir verwundert und enttäuscht, dass unser Verhältnis nicht mehr lebendig sei." (Frisch)*[2]

Aus diesem Grund stellt sich die Frage, wie ein Mensch es schaffen kann, im Bewusstsein des stetigen Fließens zu leben. Wichtig dafür ist, sich die Neugier und Offenheit eines Kindes zu bewahren. Denn so gelingt es, sich auf die täglichen Neuerungen einzulassen, sie auf sich wirken zu lassen und flexibel damit umzugehen. Aus dieser Veränderung kann man Kraft und Potential schöpfen, man kann sie als wertvolle Erfahrung bewerten und dazu nutzen, den eigenen Geist zu verändern, um der Erkenntnis näher zu kommen. Wer sich auf den Fluss des Lebens einlässt, der kann an Leichtigkeit und Freude gewinnen. Denn er kann erkennen, dass sich alles stets in einem Gesamtzusammenhang ändert und dass daraus Lebendigkeit und Freiheit entstehen.

Wichtig dabei ist, zu begreifen, dass auch die eigene Wahrnehmung im Fluss ist. Was wir wahrnehmen, ist nicht die Wahrheit, denn wir sind nicht dazu in der Lage, die allumfassende Komplexität der geistigen Existenz zu begreifen. Stattdessen interpretieren wir unsere Wahrnehmung der Welt. Diese ist beeinflusst von dem Fokus, den wir im Beobachten setzen. So kann man sich auf bestimmte Gedanken, Empfindungen oder Werte fokussieren und danach die Wahrnehmung der Welt ausrichten. Dadurch, dass die vermeintliche Welt auf diese

---

2 http://downloads.lehrkunst.ch/Frischs%20Stiller/Max%20Frisch%20Bildnistheorie%20Tagebuch.pdf (03.04.2020)

Weise nur aus einem Menschen selbst stammt, ist auch sie veränderbar. Die eigene Wahrheit gehört mit zum ewigen Fluss aller Dinge.

Dabei geht Buddha noch weiter, indem er sagt, dass die Quelle des Flusses, der Ursprung aller Schöpfung, im inneren Geist des Menschen liegt. Alles, was man erlebt, hat seinen Anfang im Inneren. Wer zum Beispiel Freude und Ruhe im Geist trägt, der wird auch Entspannung und Glück im Leben finden. Das liegt daran, dass alle Dinge miteinander verbunden sind und sich alles gegenseitig beeinflusst. Was man im Geist trägt, das wird man. Denn die innere Einstellung hat eine Wirkung auf die individuelle Wahrnehmung der Wirklichkeit. Deshalb ist es wichtig, an sich selbst zu arbeiten.

Diese Sicht auf die Existenz wird im Buddhismus auch als das „Dharma-Siegel" oder als die „Drei Daseinsmerkmale" bezeichnet. Dabei besagt das erste Siegel Anicca die Vergänglichkeit aller Dinge: Alles, was in der Gegenwart besteht, wird sich bereits im nachfolgenden Moment verändert haben. Nichts ist ewig vorhanden, alles verändert sich, jedes Leben endet im Tod. Diese Ansicht ist beängstigend, auf der anderen Seite jedoch zudem tröstlich, da sie besagt, dass auch jedes Leid enden wird. Das zweite Siegel Dukkha bezieht sich auf dieses Leiden und definiert dies als festen Bestandteil des Lebens. Es entsteht, da man durch Unwissenheit an bestimmten Dingen, wie Erwartungen oder Materialien, anhaftet und sich dem Loslassen und der ewigen Veränderung verweigert. Stattdessen soll man daran arbeiten, den Fluss aller Existenz zu akzeptieren, Leid jedoch auch einmal zu ertragen, da man weiß, dass es nur aus dem eigenen Inneren heraus entsteht. Das dritte Dharma-Siegel Anatta besagt, dass es kein festes Ich gibt. Auch dieser Aspekt gehört zum Fluss des Lebens, denn diese Vorstellung vom „Nicht-Ich" macht frei. Man muss keiner Berufung folgen oder sich selbst verwirklichen, sondern man darf sich einfach als fließenden Teil des Kreislaufs verstehen, der sich wandelt und verändert. So erhält man die Möglichkeit, an sich zu arbeiten, sich zu verbessern oder sich ganz neu zu erfinden. Man ist frei und veränderbar, man befindet sich im Fluss.

Dieses Phänomen gilt heute nicht mehr nur im Buddhismus, sondern auch in der westlichen Psychologie ist es als die „sich selbst erfüllende Prophezeiung“ anerkannt. Sie besagt, dass dem, der etwas Gutes erwartet, auch etwas Gutes widerfahren wird. Das liegt daran, dass er optimistisch auf die Welt blickt und den inneren Fokus auf die positiven Aspekte gerichtet hat, sodass seine Wahrnehmung so beeinflusst ist, dass er die schönen Dinge, die geschehen, verstärkt wahrnimmt.

Tipps zur Umsetzung

Manchmal hat man das Gefühl, man möchte die Zeit anhalten, denn der Moment ist so schön, dass er nie enden soll. Trotzdem zieht der Augenblick vorbei. Lösen Sie sich von diesem Sehnen nach Beständigkeit, trauern Sie nicht Vergangenem hinterher, sondern werden Sie sich darüber bewusst, dass alles im Fluss ist. Alles hängt zusammen und ist in stetiger Bewegung. Ein Moment vergeht, jedoch taucht dafür ein anderer auf. Seien Sie offen, nehmen Sie neue Aspekte an und erwarten Sie freudig die Zukunft. Alles fließt, doch genau darin liegt die Kraft. Denn sie bietet Wandelbarkeit und Lebendigkeit. Sie macht es möglich, dass Ihr Leben und Sie selbst sich zum Besseren wandeln können.

Wenn Sie zum Beispiel mit Ihrer aktuellen Lebenssituation unglücklich sind, dann klammern Sie sich nicht an Erinnerungen fest, sondern erkennen Sie das Potential im Fluss des Lebens und bleiben Sie offen für jede Veränderung. Nichts bleibt so, wie es ist, und so haben Sie die Möglichkeit, Ihr Leben zum Positiven zu verändern.

Eine wichtige Methode dafür ist erneut die Meditation. Denn in ihr können Sie lernen, den inneren Fokus so zu verändern, dass Sie erwünschte Reize verstärkt wahrnehmen und die eigene Interpretation der Welt beeinflussen können. Außerdem kann es so gelingen, Angst und Negativität zu überwinden, um dem Fluss des Lebens voller Offenheit, Freude und Gelassenheit entgegenzutreten.

ALLES KOMMT, WIE ES KOMMEN SOLL

Des Weiteren beinhaltet die buddhistische Karmalehre eine optimistische Grundeinstellung dem Leben bzw. dem Samsara gegenüber. Denn durch das Abwenden von Gut und Böse und die Überzeugung vom Ursache-Wirkungs-Prinzip sowie dem Zusammenhang und der stetigen Veränderung aller Existenzen tragen Buddhisten eine Art Urvertrauen in das Leben mit sich. Sie glauben fest daran, dass alles kommt, wie es kommen soll. Auf diese Weise hat das Leben nicht länger einen unfairen oder grausamen Charakter, sondern alles, was man erlebt, soll auch so sein. Das bedeutet, dass jemand, der gerade viel Glück oder Freude erfährt, genau das aus allem, was vorher war, verdient hat. Umgekehrt ist jedoch auch Unglück und Leid verdient. Außerdem führt dieses Prinzip aber auch dazu, dass nichts ungestraft bleibt. Dadurch muss man sich nicht darüber ärgern, wenn zum Beispiel eine Person viel Reichtum durch Schandtaten erhält. Denn die Freude wird ihm nicht ewig gewährt werden, sondern er wird die Folgen des negativen karmischen Potentials früher oder später erfahren. Denn alles wird so kommen, wie es sein soll, und jedes Karma wird sich ausgleichen.

Das liegt daran, dass Menschen, deren Wille hinter den Handlungen von Gier, Verblendung und Hass geprägt ist, stetig negatives Karma sammeln. Das wird seine Wirkung zeigen. Im Gegensatz dazu sammelt ein Mensch, der erfüllt ist von Güte, Einsicht und Gleichmut, positives Karma und wird auch davon Wirkungen spüren. Wie bereits erwähnt, sind diese Folgen nicht immer unmittelbar erfahrbar, sondern das karmische Potential kann sich auch auf einen späteren Zeitpunkt, auf das nächste oder sogar auf das nachfolgende

Leben auswirken.

Das führt gleichzeitig jedoch auch dazu, dass man im aktuellen Leben Folgen karmischer Potentiale aus früheren Leben erlebt. Aus diesem Grund sollte man nicht den Trugschluss ziehen, dass ein Mensch, der nur Gutes tut und dem trotzdem Schlechtes widerfährt, vom Leben bestraft und unfair behandelt wird. Stattdessen hat dieser Mensch es selbst zu verantworten, was er erlebt, da es als Folge des Karmas, das er selbst gesammelt hat, geschieht. Nichtsdestotrotz ist es wichtig, mitfühlend und verständnisvoll den Mitmenschen gegenüber zu sein, Hilfe anzubieten und ihnen mit Unterstützung zur Seite zu stehen. Der Mensch hat es verdient, schwere Zeiten nicht allein durchstehen zu müssen. Außerdem gehört Güte auch zu einer der heilsamen Willenseinstellungen, die zu positivem Karma führen. Trotzdem soll die Überzeugung von der buddhistischen Karmalehre dazu führen, dass man keine Angst hat, selbst grundlos Schlechtes zu erleben. Stattdessen kann man darauf vertrauen, dass alles so kommt, wie es kommen soll. Jedes karmische Potential wird sich ausgleichen.

Dennoch ist es wichtig, zu begreifen, dass alles Glück und Leid, das man gegenwärtig erfährt, nicht nur von vergangenem Karma abhängt und deshalb unveränderbar ist. Im Gegenteil, man sollte stets danach streben, Gutes zu vollbringen und mit heilsamem Willen zu handeln. Denn auf diese Weise kann man positives Karma ansammeln, das Teile des negativen Karmas ausgleichen kann. Man hat sein Leben selbst in der Hand, denn alles ist im Fluss und alles kann verändert werden. Wer zum Beispiel eine Straftat begeht, diese jedoch später zutiefst bereut und somit Einsicht zeigt, dessen negative Folgen werden abgeschwächt sein.

Tipp zur Umsetzung

Legen Sie den Unmut ab. Ärgern Sie sich nicht darüber, wie unfair das Leben ist, vergleichen Sie sich nicht mit anderen, beneiden Sie nicht das Glück Ihrer Mitmenschen. Versuchen Sie stattdessen, das buddhistische

Urvertrauen in Ihre innere Einstellung zu integrieren. Denn dann können Sie darauf vertrauen, dass alles im Leben eine Ursache hat, aber auch, dass jede Folge eintreten wird. Alles kommt, wie es kommen soll. Gleichzeitig kann Ihnen das auch mehr Ruhe in Ihrem eigenen Alltag ermöglichen. Wenn Sie von der Karmalehre überzeugt sind, dann können Sie feststellen, dass alle Ereignisse in Ihrem Leben einen Ursprung haben. Vielleicht kann das Ihnen dabei helfen, alle Geschehnisse als aktuellen, gegebenen und verdienten Umstand zu akzeptieren. Bereuen Sie die aktuelle Situation nicht und ärgern Sie sich nicht darüber.

Versuchen Sie stattdessen, die Situation als gegeben anzunehmen und auf dieser Grundlage Ihr Leben neu auszurichten und das eigene Verhalten zu verändern. Bestrafen Sie sich nicht selbst für vergangene Handlungen, sondern arbeiten Sie daran, Ihr jetziges Verhalten zu verbessern. Wenn Sie zum Beispiel eine Freundin verärgert haben, da Sie ein Geheimnis ausgeplaudert haben, dann ärgern Sie sich nicht wochenlang über sich selbst. Akzeptieren Sie die Situation, bereuen Sie Ihr Fehlverhalten, bitten Sie um Entschuldigung und setzen Sie alles daran, in Zukunft einsichtiger zu handeln. Sie allein haben Ihr Leben in der Hand und können den weiteren Verlauf beeinflussen.

Schlechtes Karma?

Jeder hat die Verantwortung in seinem Leben und soll seine Freiheit dazu nutzen, Gutes zu tun und Erkenntnis zu erlangen. Gleichzeitig befindet sich alles im Fluss, alles verändert sich und auf jede Ursache folgt eine Wirkung.

Dennoch kann man nicht bestreiten, dass negatives Karma existiert. Durch unheilsame Handlungen sammelt sich negatives karmisches Potential, das sich in der Gegenwart oder Zukunft ausgleichen wird. Gleichzeitig ist es auch möglich, dass man die Auswirkungen von negativem Karma aus vorherigen Leben erfährt. Trotzdem ist es wichtig, von negativem Karma, nicht aber von schlechtem Karma zu sprechen. Die Definition von Gut und Böse existiert so abstrakt im Buddhismus nicht. Man kann kein schlechtes, strafendes Karma erleben. Stattdessen kann man negative Ursachen vollbracht haben, die zu negativen Wirkungen führen. Doch wie kann man sie wahrnehmen? Und wie kann man damit umgehen?

EREIGNISSE ALS AKTUELLER SPIEGEL DER LEBENSFÜHRUNG

Die Entstehung und Wirkung von Karma ist allumfassend und geht weit über die vernünftige Logik und das menschliche Vorstellungsvermögen hinaus. Deshalb ist es notwendig, sich selbst aus der Individualität zu lösen und den Gesamtzusammenhang zu betrachten. Denn jeder Mensch nimmt die Welt nur durch seine individuelle Wahrnehmung und Interpretation wahr und bewertet sie mit seinen eigenen Kriterien. Um die Auswirkungen von Karma verstehen zu können, sollte man jedoch darüber hinaus gehen. Dann kann man erkennen, dass es Gut und Böse nicht gibt, sondern dass man nur aus der eigenen Sicht heraus den Charakter mancher Dinge als gut oder böse einschätzt. Auf diese Weise kann man die menschliche Opferrolle verlassen und stattdessen aktiv werden, sich der Zusammenhänge bewusst werden und etwas verändern. So kann man Selbstverwirklichung und Erkenntnis erreichen.

Doch was ist mit Ereignissen, die über die individuelle Erfahrung hinaus gehen? Wie kann man Naturkatastrophen oder Epidemien in die buddhistische Karmalehre einordnen?

Auch dabei bleibt zu bedenken, dass es kein gutes oder schlechtes Karma, sondern lediglich positive oder negative karmische Potentiale gibt. Diese sammeln sich an und entfalten früher oder später ihre Wirkung. Diese Wirkung kann auch eine umfassende Folge sein, die von einer beschränkten Gruppe an Individuen erlebt wird. Dies kann sich in Form einer bestimmten Umwelt oder einer gesellschaftlichen Situation äußern. Dabei ist die Beschaffenheit der Erde jedoch das Resultat unzähliger Bedingungen und Ursachen im Universum. Ein Beispiel dafür ist, dass das gesamte Universum und die Erde mit den heutigen Lebensbedingungen durch den Urknall entstanden sind. Daraus entstehen weitere Ursachen wie tektonische Plattenbewegungen und Erdbeben oder der Erdkern und die Gravitationskraft. All das sind Folgen der physikalischen Gesetze, die im Universum und auf der Erde herrschen.

Trotzdem kann die Erde auch von Folgen menschlichen Handelns betroffen sein, wie zum Beispiel, dass die Atmosphäre durch Umweltverschmutzung beschädigt wird. Auf diese Weise hat das kollektive Karma zur Formung der Erde beigetragen. Da die physikalischen Gesetze jedoch im gesamten Universum gelten, bezieht sich diese Vorstellung von kollektivem Karma nicht nur auf die Lebewesen der Erde, sondern auf alle Wesen, die im Universum existiert haben, gerade existieren oder existieren werden. Der Zusammenhang besteht darin, dass die Wesen das Karma haben, um in genau dieses Universum geboren zu werden und hier zu existieren. Außerdem trug ihr Karma, das bestimmt hat, dass sie in diesem Universum wiedergeboren werden, zur Formung des Universums bei, noch während die Wesen sich im Samsara in einem anderen Universum befanden.

Wie aber kann man damit erklären, dass eine Naturkatastrophe eine abgegrenzte Gruppe von Menschen schwer trifft, wohingegen viele andere unversehrt bleiben? Grundsätzlich ist es so, dass das Erdbeben, der Tsunami, der Sturm, die Lawine oder jede andere Naturkatastrophe entsteht, da es eine Eigenschaft der Erde ist, instabil zu sein. Sie ist so beschaffen; es finden Naturkatastrophen statt. Diese haben negative Auswirkungen auf eine Gruppe von Menschen – jedoch auch nicht auf alle Mitglieder dieser Gruppe. Auf diese Weise ist wahrzunehmen, dass es kein umfassendes kollektives Karma einer bestimmten Gruppe gibt, sondern jeder Mensch erlebt die Folgen seines eigenen karmischen Potentials. Nun ist es so, dass durch die Naturkatastrophe einige Menschen der Gruppe getötet oder verletzt wurden, andere hingegen blieben unversehrt. Das kann man damit erklären, dass jedes dieser Individuen die Folgen seines eignen Karmas erfahren hat: Manche hatten so viel negatives Karma in diesem oder im vorherigen Leben gesammelt, dass sich die Wirkung davon in Leid durch Verletzung oder Tod durch die Naturkatastrophe entfaltet hat. Andere wiederum hatten negatives karmisches Potential gesammelt, dass zur Folge hatte, dass sie das Erdbeben miterlebt haben, davon jedoch unberührt blieben.

Das bedeutet jedoch nicht, dass Naturkatastrophen schlechte Menschen bestrafen. Denn Karma ist nicht gut oder böse. Stattdessen hat jeder Mensch karmisches Potential gesammelt, das irgendwann wirken wird. Wann, wodurch und wie dieses Karma sich entfalten wird, ist sehr verscheiden und vielfältig – man kann weder vorhersagen noch erklären, warum es zu einem bestimmten Zeitpunkt an einem bestimmten Ort geschieht. Denn es ist auch möglich, dass jemand eine Naturkatastrophe unversehrt übersteht, jedoch nur ein paar Monate, Jahre oder Leben später durch ein anderes Unglück schwer verletzt oder getötet wird. Warum hat dieser Mensch die Naturkatastrophe überstanden? Warum hat sich sein karmisches Potential zu diesem Zeitpunkt noch nicht entfaltet? Man kann es nicht erklären. Denn ein menschliches Leben ist nur eine kurze Zeitspanne im ewigen Samsara, die nicht dazu ausreicht, alle Zusammenhänge des eigenen Karmas zu verstehen. Nur derjenige, der Erkenntnis erlangt und den Zustand des Buddhas erreicht, ist fähig, spezifische Verhalten als Ursache bestimmter karmischer Folgen zu erkennen.

Dennoch gibt es auch kollektives Karma. Dabei existiert einerseits ein breit angelegtes Kollektivum, das alle Wesen des Universums umfasst und zu dessen Entstehung und zu den physikalischen Gesetzen führt. Zum anderen gibt es jedoch auch kollektives Karma, das lediglich die Lebewesen der Erde betrifft und zu deren Beschaffenheit führt. Weiterführend gibt es aber auch noch das kollektive Karma, das nur auf eine Gruppe von Menschen auf der Erde zutrifft, die eine Naturkatastrophe erleben. Dabei hat in jeder Gruppe jedes Individuum ein einzelnes Karma, das zu unterschiedlichem Erleben und verschiedenen Folgen für die Einzelperson durch die Naturkatastrophe führt. Das bedeutet, dass ein Zusammenhang zwischen der Beschaffenheit des Ortes, den Ereignissen, dem Aufenthalt an diesem Ort und dem eigenen karmischen Potential besteht. So hat schon das früher gesammelte Karma dazu geführt, dass man an einem Ort geboren wurde, an welchem sich Naturkatastrophen ereignen können. Dieses Karma hat man mit den Menschen in seiner Umgebung gemein – es ist das kollektive Karma. Wie genau es sich jedoch auf das eigene Leben auswirkt, hängt rein vom individuellen Karma ab.

ANZEICHEN VON NEGATIVEM KARMA

Doch gibt es eine Möglichkeit, zu erkennen, dass man negatives Karma angesammelt hat? Buddhisten gehen davon aus, dass dem so ist. Jedoch bleibt, wie bereits erwähnt, der genaue Ursache-Wirkungs-Zusammenhang für Menschen unbegreiflich, sodass man nicht direkt feststellen kann, wo und warum das Karma wirkt. Es ist nicht möglich, zu wissen, wo und wann man karmisches Potential durch Handlungen ausgelöst hat und wann genau es sich dann auflöst. Dennoch besteht die Möglichkeit, zu bemerken, dass gerade negatives Karma im Leben wirkt.

Dafür kann man zum Beispiel damit anfangen, das eigene Handeln zu reflektieren. Mit welcher Motivation führe ich gerade Handlungen aus? Was treibt mich innerlich an? Bin ich ruhig im Geist oder werde ich von Lastern wie Wut, Gier oder Neid geplagt? Diese Reflexion kann erste Aufschlüsse darüber geben, wie es gerade um das karmische Potential steht, das man sammelt. Ist es eher negativ oder positiv geprägt? Da Karma jedoch nicht immer sofort wirkt, kann man anschließend versuchen, auch vergangene Handlungen zu reflektieren. Was habe ich in der Vergangenheit getan und warum? Manchmal gelingt es auf diese Weise bereits, festzustellen, dass man an sich arbeiten muss, um dem inneren Frieden näher zu kommen.

Trotzdem ist es möglich, dass man gerade negativem Karma ausgesetzt ist, das man in einer früheren Existenz gesammelt hatte. Aus diesem Grund ist es wichtig, zu verstehen, dass Karma sich auf die Gesamtheit eines Menschen, auf alle Erlebnisse, Erfahrungen und Ereignisse seines Lebens, auswirkt. Gleichzeitig wird es jedoch von allen Taten, Gedanken und Gefühlen beeinflusst. Karma ist demnach etwas Allumfassendes. Dabei gelten jedoch nicht die christlichen Vorstellungen von Schuld und Vergebung, sondern jeder trägt für sein eigenes Handeln und die daraus resultierenden Folgen allein die Verantwortung. Aus diesem Grund ist es wichtig, negatives Karma – auch aus früheren Existenzen – erkennen zu können. Dies ist durch Geistesschulung möglich, denn man muss aus dem individuellen Leben heraustreten, um höhere Zusammenhänge verstehen zu können und zu erahnen, wie das karmische Potential wirkt und sich ausgleicht. Dabei ist jedoch zu beachten, dass Karma wertfrei ist und weder belohnt noch bestraft.

Es ist lediglich ein neutrales Prinzip von Ursache und Wirkung. Das bedeutet, dass man eine schlimme Krankheit, die man in der aktuellen Existenz erfährt, nicht als Strafe infolge von bösem Verhalten in einem vorherigen Leben einordnen kann. Stattdessen ist die Krankheit lediglich karmisches Potential, das sich jetzt auswirkt. Dies sollte jedoch kein Auslöser für Verzweiflung oder Hilflosigkeit sein, sondern stattdessen dazu auffordern, mit den Folgen des eigenen früheren Verhaltens verantwortungsbewusst umzugehen und aktiv daran zu arbeiten, dass die Handlungen heilsam sind und bleiben.

Dennoch bleibt Karma eine verborgene Wahrheit, der man sich nur durch lange Geistesschulung annähern kann. Dabei bleibt sie auch bei umfassender buddhistischer Schulung vielen Menschen unerklärlich. Das liegt daran, dass laut der buddhistischen Lehre nur ein Buddha diese Wahrheit begreifen kann.

Dennoch gibt es Möglichkeiten, dem negativen Karma

entgegenzutreten. Eine Variante dabei ist das buddhistische Gebet. Dabei orientiert man sich an einer sich stetig drehenden Gebetsmühle, die als Ritual eine tiefe spirituelle Bedeutung aufweist. Denn durch die monotone Handlung des unaufhörlichen Betens kann der Geist geöffnet werden und wird empfänglich für spirituelle Erfahrungen. Auf diese Weise kann man dem Weg Buddhas folgen und näher zur Erkenntnis der Vier Edlen Wahrheiten gelangen, um schließlich frei von Karma handeln zu können.

Eine weitere Methode ist die Meditation, deren Ziel es ist, den Fokus neu auszurichten, die individuelle Perspektive zu verlassen und das eigene Leben von außen betrachten zu können. Dadurch kann man die Hintergründe des eigenen Handelns erkennen und reflektieren. Anschließend gelingt es, sich selbst zu verbessern und zur Sammlung von positivem Karma beizutragen. Alternativ kann man durch umfassende Meditation auch zur Erkenntnis gelangen und schließlich durch Auflösung aller karmischer Potentiale aus dem Samsara ausbrechen und ins Nirwana gelangen.

Es ist wichtig, aufmerksam zu sein, sich selbst und alle Erlebnisse im Leben zu beobachten. Nur so kann es gelingen, karmische Ursachen und Wirkungen zu erkennen, sich selbst zu reflektieren und den Geist zu fokussieren, den inneren Willen zu deuten und auf unheilsame Spannungen in sich selbst zu reagieren. Dann kann man es schaffen, sich selbst zu verbessern, mit heilsamen Absichten zu handeln und geistigen Frieden zu erreichen, wodurch man näher zur Erkenntnis gelangt und dem Buddha folgt, sodass man weniger positives oder negatives Karma sammelt. Durch Verstehen erhält man die Möglichkeit, sich selbst zu verbessern und das eigene Leben zu verändern.

NEGATIVES KARMA ALS LEBENSAUFGABE

Auf diese Weise kann man ein vermeintlich negatives Karma auch als Lebensaufgabe anerkennen und annehmen, statt sich zu ärgern oder aufzugeben. Alles ist lediglich die Wirkung diverser karmischer Ursachen. Darauf kann man unterschiedlich reagieren. Zum einen ist es möglich, zu versuchen, das negative karmische Potential auszugleichen durch das Ansammeln positiven Karmas, sodass es nicht in seinem ganzen Umfang Wirkung entfalten wird. Das heißt, man kann daran arbeiten, vergangenes Karma zu reinigen. Dazu können Meditation und Achtsamkeit dienen, die dazu führen, dass man das eigene Handeln versteht und lenkt. Aber auch Mantra und Visualisierung sind Methoden, die im Buddhismus zur Fokussierung angewandt werden. Besonders wichtig ist das, um negative Gewohnheiten und Gedankengänge unterbrechen und überwinden zu können. Stattdessen kann man sich darauf konzentrieren, voller Mitgefühl und Güte zu handeln, um in Gedanken, Worten und Taten heilsam zu sein und so positives Karma zu sammeln, das die negativen Potentiale ausgleichen kann.

Das führt dazu, dass die Lebensaufgabe darin besteht, stets heilsam zu handeln in der aktuellen Existenz und die Verantwortung für die eigenen negativen Handlungen in vorherigen Existenzen zu übernehmen. Dabei kann es auch helfen, Fehler zu bekennen, Einsicht zu zeigen und schlechtes Verhalten zu bedauern. Die Veränderung und Entschlossenheit zur Besserung müssen sich über die gesamte geistige und körperliche Existenz erstrecken.

Eine andere Ausrichtung der Lebensaufgabe kann sein, sich nicht auf das Ausgleichen negativen Karmas aus vorherigen Existenzen zu konzentrieren, sondern stattdessen darauf zu achten, sich gegenwärtig so zu verhalten, dass man eine heilsame Zukunft erwarten kann. Der Fokus richtet sich also auf die Existenzen, die nachfolgen werden. Ziel dabei ist, positives Karma zu sammeln, um positive Wirkungen erfahren zu können. Hierfür verwenden Buddhisten den Achtfachen Pfad, der eine Anleitung zu einem ethisch und moralisch wertvollen Handeln bietet. Wer sich an ihm orientiert, der kann positives Karma sammeln, da er von Güte und Wohltätigkeit geleitet wird. Wichtig dabei ist jedoch erneut, dass diese Orientierung alle Gedanken, Taten und Worte umfasst.

Schließlich existiert im Buddhismus die Vorstellung, dass man das Karma eines geliebten verstorbenen Menschen nach dessen Tod positiv beeinflussen kann. Grundlage dafür ist, dass man glaubt, die Form der Reinkarnation im Samsara hänge vom gesammelten karmischen Potential ab. Aus diesem Grund widmen Angehörige eigenes positives Karma in Gebeten ihren Verstorbenen, um so die Wiedergeburt positiv zu beeinflussen. Dafür gehen Menschen teilweise nach dem Tod eines Menschen auf eine Pilgerschaft, um das dadurch gesammelte positive Potential im Gebet auf ihren Verwandten zu übertragen.

Generell ist es bei der Definition der Lebensaufgabe wichtig, zu verstehen, dass niemand Opfer seines Karmas ist oder durch sein Schicksal determiniert wird. Stattdessen ist jeder Mensch frei, hat sein Leben in der Hand und kann verantwortungsbewusst seine eigene Zukunft beeinflussen, indem er durch Handlungen karmisches Potential sammelt.

Des Weiteren ist auch die Vorstellung von „*surrender to solve*“, was übersetzt so viel wie „Hingabe zum Lösen“ bedeutet, im Buddhismus vertreten. Dabei geht es darum, dass man es durch Hingabe schaffen kann, karmisches Potential aufzulösen und sich zu befreien. Denn wer seinen Geist dem rechten, heilsamen Weg hingibt, der kann erlöst werden, indem er die Wahrheit erkennt, sodass alle Gedanken, Worte und Taten von der buddhistischen Wahrheit durchdrungen sind. Auf diese Weise löst man sich aus dem Samsara, überwindet jegliches karmische Potential, erreicht den Zustand eines Buddhas und geht ins Nirwana ein. Es ist jedoch sehr schwierig, diesen Zustand absoluter

Hingabe zu erreichen, da man Vertrauen haben muss, um sich von allem Irdischen zu lösen und sich dem Weg Buddhas zuzuordnen, um alles zu geben, damit man die Erkenntnis erlangen kann. Man muss aus dem Inneren heraus handeln, alle irdischen Verlangen überwunden haben und einen reinen, heilsamen Geist erreicht haben. Dafür ist es notwendig, sich zu öffnen, zuzuhören und sich darauf einzulassen. Hingabe ist Erlösung.

Dabei ist entscheidend, dass gute Handlungen nicht ausreichen, sondern sie müssen von Wahrheit durchdrungen und allumfassend heilsam sein. Aus diesem Grund sind auch die Vorstellungen von Moral und Ethik nicht genügend, sondern die buddhistische Wahrheit muss integriert werden. Das kann man damit vergleichen, dass ein Mensch, der nach irdischen Kriterien moralisch richtig handeln will, auf seinen Weg achtet, damit er kein Tier zertritt, und sei es eine noch so kleine Ameise oder Spinne. Trotzdem kann dieser Mensch nicht erkennen, dass er mit jedem Schritt und jedem Atemzug viele winzige Mikroorganismen und andere kleinste Lebewesen tötet. Diese Erkenntnis kann er nur durch Hingabe an Buddhas Wahrheit erlangen und nur durch sie kann er von allem Irdischen erlöst werden, sodass er zu völliger Reinheit fähig ist.

Tipp zur Umsetzung

Dennoch kann es eine erfüllende Lebensaufgabe sein, sich dem Glauben hinzugeben und mit aller Kraft zu versuchen, Karma entgegenzuwirken. Das ist jedoch keine leichte Aufgabe, da Hingabe und das Überwinden irdischer, menschlicher Verlangen schwierig sind. Aus diesem Grund ist es wichtig, zu vertrauen und zum Beispiel durch Meditation zu lernen, sich zu fokussieren und den unheilsamen Willen zu ignorieren. Auf diese Weise kann man inneren Frieden erlangen.

Doch warum fällt Hingabe so schwer? Zum einen liegt es daran, dass wir in einer wissenschaftlichen, rationalen Welt leben, in der es oberste Priorität hat, sich seines Verstandes zu bedienen und vernünftig zu handeln. Durch Hingabe wendet man sich jedoch von dieser Einstellung ab und vertraut stattdessen auf einen höheren Zusammenhang, den man mit Wissenschaft nicht erklären kann. Manchmal wird das als Aufgeben, Träumen oder Spinnen gesehen, jedoch sind die Buddhisten davon überzeugt, dass genau dieses Ablegen der Rationalität notwendig ist, um Erkenntnis zu erlangen. So saß beispielsweise der Buddha tagelang unter einem Baum und meditierte, bevor es ihm gelang, der Realität zu entfliehen und zur Wahrheit zu gelangen. Trauen Sie sich, trainieren Sie Ihre Achtsamkeit und üben Sie sich in der Meditation. Spüren Sie, dass da mehr ist als die faktische, erklärbare Welt, lassen Sie sich auf die spirituelle Erfahrung ein.

Dabei kann es unterstützend wirken, wenn Sie sich auf Ihre eigene Persönlichkeit konzentrieren. Fragen Sie sich: Wer bin ich? Was ist mein Ich? Wie will ich sein? So können Sie sich darüber klar werden, was ihre Ziele im Leben sind. Gleichzeitig können Sie reflektieren, wie Sie sich verhalten und wie Ihr Leben gerade verläuft. Vielleicht wird Ihnen bewusst, dass Sie etwas ändern können, um heilsamer zu handeln und der buddhistischen Erkenntnis näher zu kommen.

Seien Sie dabei geduldig mit sich selbst, denn Hingabe erfordert Übung und ist ein langwieriger Prozess. Vertrauen Sie in Ihre Fähigkeiten und geben Sie nicht auf. Denn Persönlichkeitsentwicklung, in spirituellem, individuellem oder kreativem Sinne, durchläuft meistens Phasen von Anstrengung und Frustration, die im Endeffekt jedoch zu Erkenntnis und Hingabe führen können. Auf diese Weise können Sie es durch Übung und Vertrauen in sich selbst schaffen, negatives karmisches Potential zu erkennen und ihm entgegenzuwirken. Dabei ist man meistens von der Angst vor dem Versagen geprägt. Das ist verständlich, jedoch nicht notwendig. Trauen Sie sich und geben Sie sich der Spiritualität hin. Es ist in Ordnung, dabei zu scheitern oder zu verzweifeln. Wichtig ist nur, dass Sie nicht aufgeben, sondern auch nach einer Niederlage weiter machen. Es wird die Mühe wert sein, denn wenn Sie es schaffen, dem Weg Buddhas zu folgen und Erkenntnis zu erlangen, dann werden Sie von Kraft und Frieden durchströmt sein. Selbst, wenn Sie diesen Zustand in der gegenwärtigen Existenz nicht vollständig erreichen können, so kann die Hingabe dennoch Mut verleihen und beim Überwinden von negativem Karma beistehen, sodass eine verbesserte Reinkarnation durch die Ansammlung positiver karmischer Potentiale möglich ist.

Das Potenzgesetz vom Karma

Das buddhistische Gesetz von Ursache und Wirkung des Karmas wurde bereits ausführlich dargelegt. Dennoch ist diese Vorstellung noch weitreichender, wenn man sich auf das Potenzgesetz des Karmas konzentriert, indem es das gesamte menschliche Leben als ein Energiefeld darstellt. Dieses bewirkt, dass es eine Art Rückkopplung zwischen heilsamem Handeln, karmischem Potential und innerer geistiger Haltung gibt. Denn das Potenzgesetz zeigt auf, dass ein Mensch, der mit gutem Willen handelt, durch diese Handlung positive Eindrücke im Geist sammelt. Diese führen dazu, dass der Geist ruhiger ist und man sich wohlfühlt. Durch diesen inneren Eindruck von Frieden kann man mehr Kraft aufwenden, um zu meditieren und sich in Achtsamkeit zu üben. Auf diese Weise fällt es dann leichter, die Wahrheit zu sehen und Erkenntnis über die Beschaffenheit des Geistes zu erlangen. Die positive Wirkung der Energien potenziert sich also.

Das bedeutet, dass sich Ursache und Wirkung von Karma nicht nur auf unser Erleben und Verhalten auswirken, sondern auch auf den Weg der Erkenntnis. Denn wer erleuchtet handelt, der kann karmafreie Handlungen ausführen und so dem Samsara entkommen. Das liegt daran, dass ein Geist voller guter Eindrücke den Mut aufwenden kann, um die Realität zu verlassen und sich auf die Bilder der inneren Erfahrungen einzulassen. Daraus kann eine geistige Raum-Klarheit entstehen, die zu einem Überwinden der Ich-Illusion führen kann, sodass man die dualistische Sichtweise ablegen und zu Erkenntnis gelangen kann. Dazu üben Buddhisten sich in der Meditation, um die Auswirkungen dualistischen Handelns verstehen zu können, was schließlich zu einem Wahrnehmen der befreienden Wirkung der buddhistischen Aktivitäten führt.

DER MENSCH ALS ENERGETISCHES ZENTRUM

Dabei steht der einzelne Mensch als Zentrum des Energiefelds in dessen Mitte. Grundsätzlich beziehen diese energetischen Felder sich auf verschiedene Ebenen. So lebt der Mensch von Energie, die er zum Beispiel durch Nahrung aufnimmt und durch Wärme abgibt. Des Weiteren kommunizieren die Nervenbahnen in Form von elektrischen Impulsen und das Herz schlägt durch Kontraktionsenergie. Dennoch existiert noch eine andere, nicht wissenschaftlich messbare Form der Energie: die karmische Energie. Diese wird im Buddhismus wahrgenommen und als das relevanteste Energiefeld betrachtet, da es über das Erleben des Individuums entscheidet.

Dabei gilt das gleiche physikalische Gesetz wie bei irdischen Phänomenen: Energie kann nicht verloren gehen. Stattdessen wandelt sie nur die Form. Dieses Prinzip erklärt den Kreislauf Samsara, der durch karmische Potentiale Reinkarnationen auslöst. Außerdem macht es deutlich, dass gesammeltes Karma nicht einfach aufgelöst werden kann, sondern ausgeglichen werden muss oder sich alternativ in seiner

Wirkung entfaltet. In diesem Zusammenhang bildet der Mensch das energetische Zentrum, wodurch er es auch beeinflussen kann. Denn jeder Gedanke, jede Handlung und jedes Wort beziehungsweise der Wille dahinter, führen zur Sammlung karmischen Potentials, das Folgen haben wird. Das bedeutet, dass der Mensch in seinem Energiefeld genau die Ereignisse anzieht, die er als neue Lernaufgabe braucht, um die karmischen Potentiale überwinden zu können.

Jedoch spielen diese energetischen Prozesse sich meistens im Unterbewusstsein der Menschen ab und nur durch Achtsamkeit und Meditation kann man Einsicht erlangen, den Geist erkennen und der buddhistischen Wahrheit folgen. Denn man kann die bewusste Wahrnehmung eines Menschen mit einem Eisberg vergleichen. Man erkennt nur die Spitze, alles, was unter der Oberfläche verborgen liegt – und das ist der größere Teil –, bleibt für das Bewusstsein unsichtbar. Nur durch Übung und Spiritualität kann man diese Grenze überwinden und die Wahrheit erkennen. Jedoch ist der Fokus, den man dabei auf die bewusste Wahrnehmung richtet, und die Art, nach welcher man die Eindrücke interpretiert, individuell verschieden. Das liegt daran, dass jeder Mensch anderes Karma gesammelt hat, dass sich darauf auswirkt.

Das bedeutet, dass das energetische Feld, in dem man sich befindet, nicht nur durch den Menschen beeinflusst werden kann, sondern ihn im Gegenzug auch beeinflusst. Denn durch die Wiedergeburt wirken auch karmische Potentiale aus vorherigen Existenzen in dem Energiefeld, die wirken werden oder ausgeglichen werden müssen. Auf diese Weise hat jeder Mensch Lernaufgaben in seinem Leben und Themen, mit denen er sich auseinandersetzen muss. Sie werden durch die verschiedenen Energien in dem energetischen Feld bedingt und führen zu unterschiedlichen Erfahrungen. Das heißt, der Mensch zieht in seinem Energiefeld Ereignisse an, die er zum Erfüllen einer Lernaufgabe und zum Überwinden von Karma benötigt. Denn teilweise setzen karmische Potentiale sich im Energiefeld fest und wirken erst dann, wenn sie gereift sind.

Gleichzeitig steht das energetische Feld unter stetiger Veränderung, da der Mensch in jeder Situation neue Energie aufnimmt. Mit jeder Handlung, jedem Gedanken und jedem Wort wird karmische Energie gesammelt. Andererseits wird auch bei jeder Erfahrung karmische Energie freigelassen. Durch die Entfaltung seiner Wirkung hat sich das Karma dann ausgeglichen.

Wer diese Stellung des Menschen in einem energetischen Feld wahrnimmt und als Tatsache annimmt, der kann Buddhas Weg folgen und dabei lernen, Einfluss auf das Energiefeld zu nehmen, um kein Karma mehr zu sammeln, die Wahrheit zu erkennen und ins Nirwana zu gelangen.

Grundlage dafür ist die dualistische Haltung eines Menschen, durch welche er Innen und Außen unterscheidet und sich selbst als von der Umwelt getrennt betrachtet. Das führt dazu, dass er die Eigenschaften der Welt als negativ, positiv oder neutral bewertet und dieses Bewertungssystem auch auf seine eigenen Handlungen überträgt. Auf diese Weise ist sein Wille von einem Wert geprägt und Karma sammelt sich an. Da die meisten Menschen in diesem Zustand leben, sprach der Buddha einen Rat zum richtigen Handeln aus. So soll man andere beschützen und umsorgen, Dinge wie Nahrung und Kleidung sowie Fähigkeiten verschenken und außerdem danach streben, die Lebenspartner glücklich zu machen. Auf der anderen Seite definierte der Buddha auch, welches negative Verhalten man vermeiden soll. Dazu zählen Töten, Stehlen, Verletzung sowie sexuelle Nötigung oder Missbrauch.

Neben den Handlungen ist für die Buddhisten auch die Rede wichtig und hat Auswirkungen auf das gesamte energetische Feld. Aus diesem Grund erklärte der Buddha, welche Folgen bestimmte Eigenschaften der Rede auf das Energiefeld haben können: Wer ehrlich spricht, wird Kraft erhalten; wer vertrauenserweckend und harmonisch spricht, erhält Einfluss; wer sanft und mild spricht, wird Komplimente und Lob erfahren; wer sinnvoll und durchdacht spricht, wird viele Zusammenhänge verstehen und dadurch Achtung von anderen erfahren. Diese Wirkungen werden auch durch negative Rede ausgelöst. Denn wer lügt, der schädigt andere und sich selbst; wer verleumdet und hintergeht, der wird in schwierigen Verhältnissen wiedergeboren; wer übel nachredet oder stetig andere kritisiert, der wird in negative und aussichtslose Lebensumstände wiedergeboren; wer sinnloses Zeug redet, wird als Tier wiedergeboren. Auf diese Weise wirkt das energetische Feld sich aus.

Demnach gibt es zwei allumfassende Lernaufgaben für den Menschen, an denen er in jeder Situation arbeiten soll. Zum einen ist dies das Erarbeiten intellektuellen Wissens, durch welches man die Erde besser verstehen und sich selbst sowie andere positiv beeinflussen kann. Zum anderen ist es die spirituelle Erkenntnis, die sich aus dem Wissen über Buddhas Weg und dessen Wahrheit sowie aus dem Wahrnehmen des Buddha-Potentials in allen Wesen zusammensetzt. Des Weiteren ist es wichtig, daran zu arbeiten, stets wohlwollend zu sprechen, zu handeln und zu denken, da es entscheidend ist, Leid in der Welt zu unterbinden. Außerdem soll man an der inneren Einstellung arbeiten, um Zufriedenheit zu erlangen und irdische, unheilsame Verlangen zu überwinden. Diese Lebensaufgaben führen zum Überwinden von Karma.

Diese Zusammenhänge von negativen geistigen Tendenzen und negativen Auswirkungen auf das Leben werden im buddhistischen Lebensrad mit Tierrollen verdeutlicht: Zum einen gibt es das Schwein, das sich im Dreck suhlt und dadurch seine Klarheit verliert – es symbolisiert damit die Unwissenheit über die Beschaffenheit des Geistes. Zum anderen gibt es den Hahn, der aus ständiger Begierde immer den Hennen folgt und so weder Ruhe noch Weisheit, Freude, Mitgefühl oder Liebe empfinden kann. Schließlich gibt es noch die

Schlange, die das schlimmste Geistesgift der Aggression symbolisiert, da aggressive Handlungen weitreichende Auswirkungen auf sich selbst und auf andere haben können.

Das Energiefeld kann dabei sowohl unterstützend als auch hemmend wirken, abhängig davon, welches Potential sich aus vorherigem Verhalten und früheren Leben angesammelt hat. Dennoch bildet das Energiefeld immer einen Rahmen, in dem man neue Herausforderungen erlebt, an denen man über sich hinauswachsen und sich weiterentwickeln kann. In diesem Sinne bietet das Energiefeld immer neue Aufgaben, deren Bewältigung den Menschen näher an das Erreichen der Lernaufgaben führt.

Tipp zur Umsetzung

Konzentrieren Sie sich auf das Wesentliche. Was wollen Sie erreichen? Was ist Ihre lebenslange Lernaufgabe? Durch Achtsamkeitsübungen und Meditation können Sie Abstand von Ihrem Leben bekommen und so die Zusammenhänge klarer erkennen. Auf diese Weise kann es Ihnen gelingen, die wirklich wichtigen und erstrebenswerten Dinge zu erkennen und Ihr Leben danach auszurichten. Dafür ist es notwendig, sich von inneren Erlebnissen distanzieren zu können, um die Natur des Geistes zu erkennen, wodurch Geistesruhe entsteht. Erkenntnis und Überwinden der Unwissenheit sind der Schlüssel zur Beseitigung aller negativen Tendenzen. Denn dann ist man dazu fähig, frei und unabhängig Entscheidungen zu treffen sowie stets heilsam zu handeln.

SCHLECHTES WIRD MEHR

Dennoch gibt es im Energiefeld Zusammenhänge, die sich gegenseitig verstärken. So potenzieren sich zum Beispiel schlechte Tendenzen, denn durch eine negative Einstellung zieht man ein negatives Umfeld an und die Aspekte verstärken sich gegenseitig.

Das kann man damit erklären, dass Menschen mit negativer

Einstellung oft (selbst-) zerstörerisch handeln und destabilisierend auftreten. Diese Wirkung überträgt sich auch auf die Umgebung und auf die Mitmenschen. Aus diesem Grund findet unweigerlich negative Verstärkung statt. Denn auch, wer eigentlich nur helfen möchte, kann schnell in die infektiöse, negative Einstellung geraten. Das liegt daran, dass ein Mensch von Natur aus nach Zugehörigkeit strebt und deshalb lernt, sich an sein Umfeld anzupassen. Automatisch passt man nach einiger Zeit das eigene Handeln und Sprechen, aber auch die Gedanken und Emotionen auf die äußere Umgebung an. Auf diese Weise lässt man sich – leider – schnell von den negativen Einflüssen anstecken. Dieses Prinzip funktioniert allerdings auch umgekehrt. Wenn man selbst negative Signale an sein Umfeld sendet, wird man mit hoher Wahrscheinlichkeit spätestens nach einiger Zeit auch negative Antworten erhalten. Denn man ist dann selbst der negative Pool, der seine Mitmenschen beeinflusst. Auf diese Weise verstärkt sich die Negativität im eigenen Leben und es ist schwer, diesem Kreislauf zu entkommen.

Deshalb ist es wichtig, einen Ausbruch zu finden und die Negativität zu überwinden. Dazu ist der erste Schritt: Wissen über den Prozess und Erkenntnis über den eigenen Geist. Nur, wer seine innere Negativität anerkennt und versteht, kann dagegen vorgehen. Anschließend muss man aktiv danach streben, sich selbst und sein Umfeld positiver zu gestalten. Dazu kann es helfen, sich bewusst mit positiven Menschen zu umgeben und zu versuchen, sich von diesen beeinflussen zu lassen und sie als Vorbild zu betrachten, statt sie von sich aus zu beeinflussen. Wer zum Beispiel zu Geiz neigt, der sollte sich an großzügigen Menschen orientieren. Davon kann man sich motivieren und inspirieren lassen, um an sich selbst zu arbeiten und die negative Verstärkung im Energiefeld zu überwinden.

Denn die innere Haltung und die Orientierung sind entscheidend, da ein Fokus auf negativen Aspekten im eigenen Leben oder in sich selbst den Geist derart beeinflusst, dass ein Verlassen des Kreislaufs beinahe unmöglich wird. Das liegt daran, dass unzufriedene Menschen dazu neigen, sich selbst und andere stets zu kritisieren, nur die negativen Momente zu betrachten, sich selbst zu bemitleiden und über die Lebenssituation zu jammern. Diese Haltung ist bequem und kostet wenig Anstrengung, weshalb oft kein Anlass zur Änderung erkannt wird. Dennoch wirkt sie nachhaltig auf die Umwelt, die diese Person dann als faul, unmotiviert und unliebsam betrachtet. Aus diesem Grund wird man zum Außenseiter, wodurch sich die innere negative Einstellung zusätzlich verstärkt. Auf diese Weise verstärkt dieser Prozess die Negativität im Leben.

Doch woran erkennt man, ob man mit einer negativen Einstellung das eigene Leben belastet? Grundsätzlich gibt es einige Eigenschaften, die viele negative Menschen teilen. Dazu zählt zum einen, dass man Herausforderungen und Aufgaben voller Bedenken und Zweifel angeht, wodurch sie oftmals von vornherein zum Scheitern verurteilt sind. Zum anderen konzentrieren sie sich oft auf das, was andere haben, und beneiden diese, statt für sich selbst und für das Erreichen der eigenen Ziele einzustehen. Außerdem suchen negative Menschen für alle Ereignisse in ihrem Leben einen Schuldigen, fokussieren sich auf die Fehler und Schwächen ihrer Mitmenschen und können nur schwer verzeihen. Hinzu kommt, dass sie durch ein geringes Selbstwertgefühl stets bei allem gewinnen und andere besiegen wollen, statt im Team und mit der Unterstützung durch andere zu arbeiten. Andererseits nehmen sie Gutes jedoch als selbstverständlich wahr und können sich nicht darüber freuen. Des Weiteren lehnen negative Menschen Veränderungen ab und bleiben stattdessen in ihrem Trott hängen und ruhen sich auf dem Selbstmitleid und dem Jammern aus.

Aus diesem Grund ist es wichtig, zu lernen, diesen negativen Kreislauf zu überwinden und das Energiefeld so zu beeinflussen, dass das Negative sich nicht länger selbst verstärkt. Dafür muss man an der inneren Einstellung arbeiten. So kann es helfen, wenn man negative Emotionen wie Ärger, Angst oder Zweifel nicht länger als Bedrohung ansieht oder sie als Ausrede verwendet, sondern sie stattdessen als gegeben akzeptiert und lernt, neutral mit ihnen umzugehen. Dazu sind Reflexion und Selbstbeobachtung hilfreiche Mittel. Auf diese Weise kann es gelingen, dass man selbst die eigenen negativen Emotionen beeinflussen und die negative Verstärkung überwinden kann.

Tipp zur Umsetzung

Erneut ist das wichtigste Mittel, um die eigene Selbstwahrnehmung zu trainieren, die Meditation sowie die Übung der Achtsamkeit, was auch die Grundlagen der buddhistischen Verhaltensempfehlungen sind. Denn in der Meditation kann man daran arbeiten, Emotionen neutral zu betrachten und sich nicht von ihnen überfluten zu lassen. Auf diese Weise kann man lernen, Emotionen zuzulassen, jedoch nicht immer direkt aus ihnen heraus zu handeln, sondern sie vergehen zu lassen, zu überdenken und danach bewusst Handlungen anzuschließen. Denn durch das Bewusstsein kann man mehr geistige Ruhe finden, gelassener bleiben und in sich selbst vertrauen. Auf diese Weise erlernt man schrittweise, bewusste emotionale Reaktionen zu verstehen und zu steuern, sodass man dem Umfeld keine unmittelbaren negativen Signale mehr sendet. Der Prozess der negativen Verstärkung kann aus sich selbst heraus durchbrochen werden.

GUTES WIRD MEHR

Aus diesem Grund ist es wichtig, die Zusammenhänge der Verstärkungsprozesse zu verstehen, um aktiv Einfluss auf das Sammeln von Karma nehmen zu können und auf diese Weise selbst positive karmische Zustände herzustellen. Denn sie können zu einem glücklicheren Leben sowie zu einer besseren Wiedergeburt führen, wodurch man dem höchsten Ziel des kompletten Überwindens der dualistischen Wahrnehmung sowie dem Sammeln von Karma und dem daran anschließenden Eingang in das Nirwana näherkommt.

Außerdem wirkt beim Produzieren von positiven karmischen Tendenzen eine Art Rückkopplung auf den Geist, denn er wird durch heilsame Handlungen von den guten Erfahrungen beeinflusst, wodurch positive Eindrücke im Geist gespeichert werden. Daraus entstehen gute Gefühle und Gedanken, die zu einem Wohlbefinden führen und dafür sorgen können, dass man noch mehr heilsame Handlungen ausführt. Auch hier wirkt demnach ein sich selbst verstärkender Prozess. Doch anders als im Zusammenhang mit negativem Karma ist es hier einfacher, den positiven Verstärkungsprozess selbst zu steuern und aufrecht zu erhalten. Denn zum einen macht man sich damit selbst glücklich – diesen Zustand erfährt man gerne und strebt nach Wiederholung – und zum anderen beeinflusst man auch als positiv eingestellter Mensch seine Umgebung und kann andere mit seiner Freude und dem Optimismus anstecken oder man zieht automatisch positive Menschen an. Dann kann man sich gegenseitig bestärken und darin unterstützen, das heilsame Verhalten beizubehalten.

Dennoch sollte man dabei weiter nach dem Erkennen der Wahrheit streben, da nur sie zum Überwinden der dualistischen Weltanschauung führen kann. Denn erst, wer verstanden hat, dass alle Dinge Teil einer Ganzheit sind, kann auch leere Handlungen, durch die kein Karma gesammelt wird, ausführen. Dabei gibt es Taten, die auf dem Weg zur Entfaltung der buddhistischen Weisheit unterstützend wirken können. Man bezeichnet sie auch als die sechs Paramitas und dazu gehören Großzügigkeit, Geduld, sinnvolle Taten, begeistertes Handeln, Meditation und Weisheit. Wer sich daran orientiert, der kann dem Weg des Buddhas folgen und über das Karma und das Energiefeld hinauswachsen.

Grundsätzlich folgt der Verstärkungsprozess des Guten einfach dem Reiz-Reaktions-Schema: Wer Gutes tut, wird Gutes erfahren. Denn das, was man ausstrahlt, zieht man aus der Umgebung an. Wer zum Beispiel authentisch, sanftmütig und freundlich auf seine Mitmenschen zugeht, der wird mit hoher Wahrscheinlichkeit auch Zuneigung und Freundlichkeit empfangen. Das führt dazu, dass man sich in der Gemeinschaft mit den anderen Menschen wohlfühlt und dadurch weiter heilsam handeln kann. Diesen Zusammenhang erkannte schon der Buddha, weshalb er lehrte, dass jeder sein Leben selbst in der Hand hat und durch das eigene Verhalten, die innere Einstellung und die daraus resultierende Ausstrahlung sein Umfeld beeinflusst. Auf diese Weise wird auch das energetische Feld durch sich potenzierende Einflüsse verändert.

Besonders die innere Einstellung, die Beschaffenheit des Geistes, ist dabei ausschlaggebend, da der Geist sich auf alle Gedanken, Worte und Taten auswirkt. Nur, wer einen sanften, friedvollen Geist hat, kann heilsam handeln und positive Energien in sich und seinem Umfeld erzeugen. Aus diesem Grund sind Optimismus und Zuversicht zentrale Aspekte für die Wahrnehmung der Welt.

Denn wer sie optimistisch betrachtet, der ist meistens sorglos, vertrauensvoll und zuversichtlich, er ist überzeugt vom Guten und glaubt an das Positive. Aus dieser Einstellung heraus ergibt sich eine wirkungsvolle Grundlage für ein glückliches Leben, da man sich selbst als in Einklang mit seiner Umgebung erlebt. Auf diese Weise fällt es leichter, die dualistische Sichtweise zu überwinden und sich selbst positiv zu bewerten. Dadurch schafft man es, offen und freundlich auf sein Umfeld zu reagieren, wodurch zuversichtliche Personen oft ein großes und unterstützendes soziales Netzwerk haben. Des Weiteren fällt es optimistischen Menschen leichter, schlimme Ereignisse zu verkraften und zu überwinden, ohne dabei den Glauben an sich und an das Gute zu verlieren. So kann man besser mit negativen karmischen Potentialen umgehen, die ihre Wirkung entfalten, und gestärkt daraus hervorgehen. Das Positive verstärkt sich selbst.

Grundlage für diese positive Geisteshaltung ist ein Vertrauen in den höheren Zusammenhang. Denn wer davon überzeugt ist, dass alles einen Sinn hat und jede Wirkung auf einer Ursache beruht und somit gerechtfertigt ist, der kann negative Ereignisse besser verkraften. Denn er empfindet das Leben nicht als unfair oder grausam, sondern er hat einen Teil der buddhistischen Weisheit erlangt, indem er alles in einen größeren Kontext einordnen kann. Außerdem ist damit auch ein hohes Maß an Selbstvertrauen verbunden, indem nicht jedes Scheitern mangelnden persönlichen Fähigkeiten und Fertigkeiten zugeordnet wird. Stattdessen weisen optimistische Menschen eine Selbstwirksamkeitserwartung auf, was bedeutet, dass sie sich als aktiv Verantwortlicher in ihrem Leben verstehen, der es schafft, Situationen zu beeinflussen und sein Leben selbst zu gestalten. Rückschläge werden dabei auf höhere Zusammenhänge oder eigene Fehler, die jedoch erklärbar sind und nicht an einer grundsätzlichen Fehlerhaftigkeit des persönlichen Charakters liegen, zurückgeführt. Auf diese Weise wird die Existenz realistisch eingeschätzt, aber voller Lebensfreude, Hoffnung, Zukunftsglaube und Zufriedenheit wahrgenommen.

Tipp zur Umsetzung

Wie kann man es schaffen, eine solche optimistische Lebenseinstellung zu erarbeiten, um das Gute im individuellen Energiefeld zu potenzieren? Man muss sich darüber klar werden, dass der größte Aspekt dabei die eigene Entscheidung ist. Sie können sich bewusst dazu entscheiden, das Leben positiv zu betrachten. Des Weiteren tragen gute Erfahrungen dazu bei, diese geistige Haltung zu erreichen. Da es ein sich selbst verstärkender Prozess ist, sollten Sie beide Teilaspekte in Ihren Alltag integrieren. Versuchen Sie bewusst, Situationen optimistisch zu bewerten, und konzentrieren Sie sich auf die positiven Erfahrungen, die Sie schon machen konnten. Dann fällt es Ihnen leichter, auch alles Kommende zuversichtlich anzugehen. Außerdem sollten Sie lernen, Ihre Selbstzweifel und -vorwürfe zu überwinden.

Machen Sie sich klar, dass Sie in einem höheren Zusammenhang stehen und dass die dualistische Sichtweise fehlerhaft ist. Nehmen Sie sich stattdessen als Teil des großen Ganzen wahr, akzeptieren Sie Niederlagen als gegeben, führen Sie schlechte Erfahrungen auf negatives Karma zurück und reflektieren Sie Ihr eigenes Verhalten, um zukünftig nur noch positive Energien in Ihrem Energiefeld auszulösen. Treten Sie konstruktiv und voller Hoffnung an alle Probleme in Ihrem Leben heran und suchen Sie nach einer Lösung, statt in Selbstmitleid oder Ärger zu versinken. Übernehmen Sie Verantwortung und treffen Sie selbstbewusst Entscheidungen. Dazu kann es helfen, sich an die eigenen Erfolge und guten Eigenschaften zu erinnern, sich gleichzeitig aber auch Vorbilder zu suchen. Dies können Ihre Mitmenschen oder aber auch starke Persönlichkeiten oder religiöse Leitbilder sein. Lassen Sie sich von Ihnen beeinflussen und übernehmen Sie den Optimismus in Ihr Leben.

Positives Karma im Alltag herstellen

Bisher waren die Erklärungen des Buddhismus, des Ursache-Wirkungs-Gesetzes von Karma und den Verstärkungsprozessen im Energiefeld eher theoretisch. Aus diesem Grund sollen im Folgenden konkrete Übertragungen der Prinzipien auf den irdischen Alltag hergestellt werden. Wie kann man selbst positives Karma herstellen?

Grundlegend dafür ist das erneute Erinnern daran, dass karmische Potentiale durch jede Handlung, jeden Gedanken und jedes Wort entstehen. Das heißt, sie sind allgegenwärtig und unumgänglich. Dabei folgen sie immer den gleichen Regeln und entfalten stets ihre Wirkung. Dennoch ist jeder Mensch für sein eigenes Karma verantwortlich und kann deshalb sein gegenwärtiges und alle zukünftigen Leben selbst beeinflussen, auch, wenn noch karmische Tendenzen aus vorherigen Existenzen vorhanden sind. Auch diese können durch das Erzeugen von positivem Karma beeinflusst werden. Um dies zu erreichen, muss man mit heilsamem Willen handeln. Dazu genügen bereits sehr einfache Dinge. Dazu gehört zum Beispiel, dass man großzügig ist und spendet.

Das kann sich sowohl auf materielle als auch auf immaterielle Dinge wie Zuneigung und Aufmerksamkeit beziehen. Wichtig ist, keine Gegenleistung zu erwarten. Außerdem kann man positives Karma durch Freundlichkeit, Mitgefühl, Dankbarkeit und Vergebung erreichen. Außerdem kann man sich darin üben, die Emotionen zu kontrollieren, sodass negative Empfindungen wie Hass und Wut nicht die Überhand gewinnen können. Dazu ist es wichtig, die Ruhe zu bewahren, Achtsamkeit und Meditation zu trainieren und inneren geistigen Frieden zu finden.

Auf diese Weise kann man Leid vermeiden, die dualistische Weltanschauung überwinden und sich der buddhistischen Erkenntnis annähern. Denn man muss selbst die Verantwortung für jede Handlung und Empfindung übernehmen und zuversichtlich mit dem Leben umgehen. Man erfährt nur das, was man selbst verursacht hat. Es gibt weder Ungerechtigkeit noch Strafe, sondern alles entsteht als Folge von karmischen Potentialen.

Mithilfe dieses Grundverständnisses von Karma kann man den eigenen Alltag gestalten, um positive karmische Tendenzen bewusst auszulösen. Dieses Verhalten kann alle Bereiche des Lebens umfassen, beginnend bei der Ernährung oder den Kaufentscheidungen bis hin zur Einstellung sich selbst und seinen Mitmenschen gegenüber.

Was konkret kann man tun, um positives Karma im Alltag herzustellen?

PEACE FOOD

Der erste Aspekt des alltäglichen Lebens, der beleuchtet werden soll, ist die Ernährung. Denn sie ist allgegenwärtig und grundlegend für die menschliche Existenz. Dennoch ist es wichtig, die Aufmerksamkeit darauf zu richten. Denn gerade, weil man jeden Tag isst und trinkt, kann man hier große karmische Wirkungen entfalten und sich selbst positiv beeinflussen.

Dieser Zusammenhang ist unter dem Begriff „Peace Food" dargestellt. Was versteht man darunter?

Grundsätzlich ist es so, dass schon der Buddha Empfehlungen bezüglich der richtigen Ernährung aussprach. Dennoch richtete er sich mit diesen Aussagen bevorzugt an Mönche und Nonnen, die im Kloster leben. Das lag daran, dass es den buddhistischen Ordensleuten untersagt war, selbst zu kochen oder sich um Nahrung zu kümmern. Stattdessen sollten sie in den nahegelegenen Dörfern von Haus zu Haus ziehen und um Essen bitten. Die Bürger würden der buddhistischen Tugend entsprechend Nahrung spenden, um sich in Großzügigkeit und Darbietung zu üben. Auf diese Weise stand den Nonnen und Mönchen jedoch nur das zur Verfügung, was sie geschenkt bekamen. Deshalb riet der Buddha ihnen, alles voller Dankbarkeit und Gleichmut anzunehmen und sich damit zufriedenzugeben. Diese Tradition wandelte sich inzwischen und die Menschen bringen ihre Almosen freiwillig zu den Klöstern. Denn heute sind diese Gemeinschaften oftmals der Mittelpunkt des spirituellen sowie kulturellen Lebens der Buddhisten, sodass es den frommen Laien ein Anliegen ist, die Mönche und Nonnen zu fördern, zu versorgen und zu unterstützen.

Dennoch stellte der Buddha Richtlinien auf, die die Ernährung von den Almosen betrafen und bis heute gelten. Denn es ist den Klosterbewohnern untersagt, Gewalt auszuführen, da es negatives Karma bewirkt. Das bezieht sich auf das Töten eines Tieres – und sei es bloß mit dem Ziel der Ernährung. Aus diesem Grund legte der Buddha den Mönchen und Nonnen nahe, auf den Verzehr von Fleisch zu verzichten. Denn auch ein gespendetes Tier, das jedoch rein zum Zweck der Ernährung der Klostergemeinschaften geschlachtet wurde, trägt Gewalt in sich. Demnach dürfen sie das Fleisch nur dann zu sich nehmen, wenn sie sicherstellen können, dass es nicht nur für sie getötet wurde.

Heute ist der Verzicht auf Fleisch unter Buddhisten weiterhin eher unüblich. Dies liegt jedoch besonders an den klimatischen Bedingungen, die wenige Alternativen zulassen. Jedoch zählt die Tätigkeit des Schlachtens als unheilsame Handlung, die den Vier Edlen Wahrheiten widerspricht und dem Befolgen des Achtfachen Pfades entgegenwirkt, sodass lediglich gesellschaftliche Randgruppen schlachten oder jagen und dadurch negatives Karma ansammeln. Wem es durch seinen Lebensstand möglich ist, der versucht, auf tierische Produkte zu verzichten.

Unter diesem geschichtlichen Hintergrund der buddhistisch korrekten Ernährung soll im Nachfolgenden der Aspekt des Peace Foods betrachtet werden. Wie schon der Name sagt, geht es dabei darum, sich so zu ernähren, dass der innere geistige Frieden sowie der Frieden in der Welt dennoch bewahrt werden können. Dabei gilt es, zu bedenken, dass Hunger ein Leid ist, das in weiten Teilen der Welt existiert. Viele Menschen, besonders Kinder, haben nicht genug zur Verfügung, um sich die Lebensgrundlage zu ermöglichen, und werden deshalb durch die mangelnde Ernährung krank oder sterben schließlich am Hunger. Aus diesem Grund wirkt es aus buddhistischer Sicht paradox, dass andere Gesellschaften im Überfluss leben können, wählerisch mit Nahrung umgehen oder sogar Essen wegwerfen. Um heilsam zu handeln, muss man deswegen achtsam mit seiner Ernährung umgehen. Nur so kann man positive karmische Tendenzen im Gesamtzusammenhang der Existenzen bewirken.

Ein Beispiel dafür ist, dass gerade Entwicklungsländer, in denen viele Menschen hungern müssen, teilweise von Industrienationen als billige Produktionsstätte für Futtermittel benutzt werden, mit welchen Masttiere gefüttert werden, die schließlich rein für den Konsum geschlachtet werden. Ernährt man sich dann von diesem Fleisch, unterstützt man diesen schädlichen Kreislauf und trägt zu den negativen Folgen für den gesamten Zusammenhang bei.

Des Weiteren gibt es der Ansicht einiger buddhistischer Ernährungsberater nach keinen gesundheitlichen Grund, dass Menschen sich von tierischen Produkten ernähren. Stattdessen sei eine rein pflanzliche Ernährung, wenn man es sich leisten kann, viel empfehlenswerter und heilsamer. Außerdem könnte man so die pflanzlichen Kohlenhydrate, die produziert werden, direkt zur Ernährung der Menschen verwenden, ohne den Zwischenschritt über Tiere zu tun. Zudem würde ein großer negativer Faktor entfallen, da Tiere vor der Schlachtung oftmals Angst, Stress und Panik erfahren. Außerdem tragen Massentierhaltung, der weltweite Transport von Nahrungsmitteln und der ressourcenverschwenderische Anbau von Lebensmitteln zur Umweltverschmutzung bei und zerstören Stück für Stück die Umwelt. Das löst negatives Karma aus und ist durch den Verzicht beziehungsweise durch die Ernährung mit Alternativen vermeidbar.

Es gibt also gesundheitliche, humanitäre und ökologische Gründe, die für Peace Food sprechen. Außerdem ist auch der spirituelle Aspekt der Gesamtheit zu beachten, in welchem aktuell ein Ungleichgewicht zwischen dem menschlichen Genussstreben, das sich besonders in der Ernährung manifestiert, und den Bedürfnissen der Erde existiert. Denn der Mensch betrachtet sich als überlegen, verwendet ökologische Ressourcen, Pflanzen und Tiere lediglich als Mittel zur Befriedigung der eigenen Verlangen und widerspricht dadurch allen Weltanschauungen des Buddhismus.

Deswegen ist es wichtig, sich darüber im Klaren zu werden, dass es

Ziel des Menschen sein soll, die Anhaftungen sowie die dualistische Wahrnehmung zu überwinden und sich stattdessen in Einklang von Körper, Geist und Erde zu verstehen und auf diesen Idealzustand hinzuarbeiten. Deshalb sollte man auch die Ernährung mit Fleisch, von der schon der Buddha abriet, überdenken oder sogar den Verzicht auf alle tierischen Produkte reflektieren. Was würde eine vegetarische oder vegane Ernährung in Ihrem Leben verändern? Was wissen Sie über diese Ernährungsformen? Vielleicht sind Sie von Vorurteilen behaftet und müssen sich erst informieren, bevor Sie sich eine Meinung bilden können. Aber denken Sie darüber nach, ob Sie etwas verändern können und wollen und betrachten Sie den Gesamtzusammenhang aller Existenzen sowie die Potentiale Ihres Energiefelds. Erkennen Sie einen Zusammenhang? Wissen Sie, wie Sie Ihre eigenen karmischen Tendenzen beeinflussen können?

Generell kann man das damit erklären, dass man die dualistische Sicht überwinden muss. Es gibt kein Ich und Du, kein Körper und Geist, keine klare Grenze zwischen Mensch und Tier. Stattdessen steht alles im Gesamtzusammenhang des Samsara, der Existenzen und der Wiedergeburt. Aus diesem Grund ist es nachvollziehbar, dass nicht nur die Arbeit am Geist, die in den vorherigen Kapiteln beschrieben wurde, sondern auch die Pflege des Körpers Auswirkungen auf das Sammeln von Karma hat. Sich gesund und mit friedvollem Essen zu ernähren, hat Einfluss auf die karmischen Tendenzen. Deshalb ist es wichtig, sich mit der Produktion der Lebensmittel auseinanderzusetzen, sich bewusst für oder gegen bestimmte Produkte zu entscheiden und verschiedene Kriterien zu beachten. Dazu zählen zum Beispiel eine ökologische und regionale Herstellung, ein ethisch vertretbarer Umgang mit den Tieren oder eine menschengerechte Produktion in anderen Ländern. Es ist wichtig, sich damit zu beschäftigen und bewusste Entscheidungen zu treffen. Denn der Wille hinter jeder Handlung hat genauso viele Auswirkungen auf das Ansammeln von Karma wie die Handlung selbst.

Auch hier gilt das Ursache-Wirkungs-Gesetz: Jede Nahrungsaufnahme ist eine Ursache, eine willentliche Handlung, die Wirkungen entfalten und karmische Folgen haben wird. Alles, was wir tun, auch die alltäglichen Dinge, folgen diesem Prinzip des Karmas.

Machen Sie sich also mit Ihren eigenen Essgewohnheiten vertraut. Reflektieren Sie, was Sie essen und wieso, wo und wie es produziert wird und inwiefern Sie damit auf Ihren Körper, Ihren Geist, Ihre Umwelt und schließlich auf Ihr Karma wirken. Denn Essen ist längst in vielen Teilen der Erde nicht mehr nur Nahrungsaufnahme, sondern es ist ein Genuss und zählt zur Ästhetik. Trainieren Sie also Ihre Achtsamkeit auch alltäglichen Dingen wie der Ernährung gegenüber. Werden Sie sich darüber bewusst, dass Sie selbst in einem energetischen Gesamtzusammenhang existieren und diese mit jeder Ihrer Entscheidungen beeinflussen können.

Probieren Sie aus, welche Verhaltensweisen Ihnen zusagen, was Ihrem Körper und Ihrem Geist guttut und womit Sie sich wohlfühlen. Übernehmen Sie Peace Food in Ihr Leben und integrieren Sie Ihre Ernährung in Ihre Wahrnehmung der gesamten Erde.

KARMISCHE KAUFENTSCHEIDUNGEN

Ein weiterer Aspekt, um das Generieren von Karma positiv zu beeinflussen, ist der achtsame Umgang mit den eigenen Kaufentscheidungen. Denn in den Industriestaaten ist der Konsum zu einem alltäglichen Begleiter geworden, der oft nicht einmal mehr bewusst wahrgenommen wird. Stattdessen gehört es zur Normalität, Dinge zu kaufen, wenn einem danach ist.

Dies erstreckt sich vom Bummeln durch extravagante Boutiquen über das gezielte jahreszeitabhängige Shoppen bis hin zum gemütlichen Online-Shopping vom Sofa aus. Denn neben dem Kauf von lebenswichtigen Artikeln wie Lebensmittel und Kleidung haben sich inzwischen auch weit verbreitete Tendenzen entwickelt, die Konsum und Kauf lediglich zum Zeitvertreib, zum Vergnügen oder zum Stillen materieller Bedürfnisse nutzen. Damit ist Kaufen nicht mehr eine lediglich von der Versorgung der Lebensgrundlage motivierte Handlung, sondern es gibt unterschiedliche Motive, die unsere Kaufentscheidungen beeinflussen. Auf diese Weise sind jegliche Kaufentscheidungen willentliche Handlungen, die Karma auslösen. Deshalb ist es wichtig, sie zu reflektieren, um bewusst zu kaufen und die karmischen Tendenzen wissentlich zu beeinflussen.

Grundsätzlich findet Konsum inzwischen durch die Globalisierung weltweit statt. Man kann Artikel von lokalen Kleinunternehmen oder allumfassenden Global Playern kaufen. Dabei sind dem Handel kaum Grenzen gesetzt. Alles kann per Schiff oder Flugzeug in verschiedene Länder geschickt und bis direkt vor die Haustür des Käufers transportiert werden. Außerdem orientieren sich Preis und Produktion am einfachen Gesetz von Angebot und Nachfrage. Das heißt, dass Güter, die stärker nachgefragt sind, auch vermehrt produziert werden und durch Konkurrenz Preise beeinflusst werden. Dennoch hat jeder einzelne Konsument durch seine eigenen Entscheidungen in gewissem Maß Einfluss auf dieses System.

Dazu ein Beispiel: Nur, wenn Menschen in Deutschland schon im Dezember Erdbeeren aus Gewächshäusern in Spanien kaufen, werden diese auch produziert. Die Tatsache, dass dabei die spanische Natur beschädigt, viel Wasser in dem trockenen Gebiet verschwendet und durch die Chemikalien sowie den weiten Transport Umweltverschmutzung verursacht wird, ist dem Markt egal. Solange es sich verkauft, wird Gewinn erzielt und für den Produzenten besteht dann kein Grund, nicht auch weiterhin Erdbeeren im Dezember in Deutschland zu verkaufen. Dieses Prinzip gilt für fast alle Produzenten und betrifft neben dem Umweltschutz auch die Ausbeutung von Menschen oder die Verschwendung von Ressourcen.

Dieses Beispiel zeigt, dass jeder Einzelne durch sein Kaufverhalten zum Gesamtsystem beiträgt. Deshalb wird auch durch jeglichen Konsum Karma erzeugt. Aus diesem Grund ist es wichtig, bewusst zu handeln und die Konsequenzen zu bedenken.

Dazu sollte man sich über die Produkte, die man kauft, informieren, um die Auswirkungen der Erzeugung und des Handels überblicken zu können. Denn durch dieses bewusste Einkaufen kann man sozial Entscheiden und zur Bewahrung der Umwelt beitragen sowie die Ausbeutung von Menschen in armen Regionen und Kinderarbeit verhindern oder zumindest nicht unterstützen. Das bedeutet, dass auch im Zusammenhang des Konsums Reflexion und Achtsamkeit, die den gesamten Buddhismus durchziehen, entscheidend sind.

Dazu sollte man das eigene Verhalten hinterfragen. Warum kaufe ich? Brauche ich alles, was ich kaufe? Könnte ich meinen Konsum reduzieren und genauso glücklich leben? Vielleicht wird man sich dabei darüber bewusst, dass man nicht nur aus Notwendigkeit, sondern oft auch rein zur Befriedigung von Wünschen oder zum Vergnügen konsumiert. Dabei bedenkt man die ökologischen und humanitären Folgen oftmals nicht. Dennoch handelt es sich um eine willentliche Entscheidung, da man aktiv kaufen muss. Auf diese Weise wird Karma produziert, das demnach oftmals negativ ist. Deshalb sollte man achtsam sein und sich mehr an den tatsächlichen Bedürfnissen statt an den überflüssigen Wünschen orientieren. Zudem ist es wichtig, sich Wissen über die komplexen Zusammenhänge von Konsum und Umwelt anzueignen, um die ökologische Intelligenz zu schulen und sie als Grundlage für Kaufentscheidungen verwenden zu können.

Diese Achtsamkeit wird mittel- und langfristig dazu führen, dass man weniger verbraucht und nur noch das kauft, was man benötigt. Auf diese Weise wird die Umweltbelastung verringert, denn das Angebot richtet sich nach der Nachfrage.

Aber wie kann es gelingen, achtsamer zu konsumieren? Der wichtigste Schritt dazu ist, sich auf die Tätigkeit des Einkaufens zu konzentrieren. Denn oft kauft man nebenbei und ist in Gedanken schon viel weiter, denkt über die Verwendung des Gegenstands oder die nächsten Schritte nach. Aus diesem Grund ist es wichtig, sich die Zeit zu nehmen, sich auf den Moment zu konzentrieren und bewusst zu entscheiden, ob man den Gegenstand kauft oder nicht. Dabei ist es nicht entscheidend, ob es sich um Lebensmittel, Kleidung oder Luxusartikel handelt. Denken Sie kurz darüber nach. Brauche ich diesen Artikel? Warum möchte ich ihn kaufen? So können Sie eine bewusste und willentliche Kaufentscheidung treffen, ohne sich von all den Eindrücken und Verlockungen der Kaufhäuser einwickeln zu lassen. Das liegt daran, dass Konsum heute ein allumfassender Prozess ist, der uns in allen Lebensbereichen begegnet. Denn Werbung erreicht uns per Einwurf in den Briefkasten, im Fernsehen, im Radio und in allen Ecken des Internets. Auf diese Weise wird die Wahrnehmung von Konsum nebenbei stetig aufrechterhalten. Dadurch wird die Wirkung erzeugt, dass Kaufen etwas ganz Alltägliches ist, das man täglich tun kann, um sich glücklich zu machen, Neues zu erleben und Ziele zu erreichen – allein durch den materiellen Mehrwert.

Da die globalisierte Welt kurzweilig und schnell ist, endet der Reiz auch nie, da es täglich ein Angebot an neuen Produkten gibt und jegliche Artikel stetig erneuert werden, sei es durch neue Kollektionen, ein saisonales Design oder ein monatliches Update. Alles läuft nach der Devise neu, interessant, kaufen, verwenden, neu... und so weiter. Es gibt kein Ende; Konsum ist ein ewiger Kreislauf. Deshalb kann man leicht von dieser Selbstverständlichkeit des Konsums geblendet werden und kauft, ohne über die Konsequenzen nachzudenken. Aus diesem Grund ist es wichtig, sich der eigenen Kaufentscheidungen bewusst zu werden, sie zu reflektieren und mit dem Wissen über die globalen ökologischen Folgen des Produkts zu entscheiden. Dazu können Sie zum Beispiel auch diverse Apps zu Rate ziehen, die dabei unterstützen, Produkte und Logos im Supermarkt einzuschätzen und die globale Reichweite von Produktion, Transport und Verkauf verstehen zu können. Denn um beim Kauf keine negativen karmischen Tendenzen hervorzurufen, sollte man auf humanitär sowie ökologisch hochwertige Standards achten.

Dazu ist auch der Minimalismus eine hilfreiche Einstellung. Denn dabei geht es darum, mit möglichst wenigen Dingen zufrieden zu leben, da materielle Güter lediglich als Ballast angesehen werden. Diese Sichtweise der Anhaftung an irdische Belange wirft auch der Buddhismus dem Menschen vor. Aus diesem Grund ist es für das Ansammeln von Karma durch Kaufentscheidungen hilfreich, eine minimalistische Einstellung einzuüben. Dazu können Sie sich fragen, ob Sie all diese Dinge tatsächlich benötigen. Kaufen Sie aus Notwendigkeit oder aus Wunsch? Machen die Gegenstände Ihr Leben wirklich leichter oder sammeln Sie dadurch nur Ballast? Treffen Sie jede Kaufentscheidung mit dem Hintergedanken an Minimalismus. Gleichzeitig ist es wichtig, dass Sie sich von der Bedürfnisbefriedigung durch Konsum abwenden und stattdessen andere Wege finden, um Ihre Wünsche zu stillen. Vielleicht können Sie Zuflucht im Sport finden oder in Büchern, in Gartenarbeit, in der Kunst oder – ganz nach der buddhistischen Tradition – in der Meditation. Lenken Sie sich selbst ab und tappen Sie nicht in die stetige Konsumfalle.

Zusammengefasst ist es für karmische Kaufentscheidungen wichtig, achtsam zu kaufen, sich zu informieren und auf ökologisch hochwertige Produkte zurückzugreifen. Außerdem hilft eine minimalistische Einstellung dabei, unnötigen Konsum zu unterbinden und so das Sammeln von negativem Karma zu verhindern. Seien Sie konzentriert und achtsam und verhindern Sie durch Ihr Wissen über den Gesamtzusammenhang von Produktion, Angebot, Nachfrage, Konsum und Ökologie negative karmische Kaufentscheidungen.

UNS SELBST IN LIEBE ANNEHMEN

Durch jede Handlung wird negatives oder positives Karma ausgelöst. Wie bereits beschrieben, betrifft das auch ganz alltägliche Verhaltensweisen wie die Ernährung oder den Konsum. Doch das Sammeln karmischer Tendenzen geht über diese Entscheidungen hinaus bis in das Innere des Menschen hinein. Denn auch auf sich selbst muss man Acht geben und die eigene Person gut behandeln. Nur, wer sich selbst liebt, der kann auch auf andere in Liebe zugehen und aus einem friedlichen Geist heraus heilsam handeln. Das zeigt sich schon daran, dass unheilsame Emotionen, wie zum Beispiel Neid oder Verleumdung, nicht durch die andere Person, sondern aus der eigenen Person heraus geschehen. Nur, weil ich mit mir unzufrieden bin, beneide ich andere; nur, weil ich mich nicht mag, verleumde ich andere, um sie schlechter zu machen.

Aus diesem Grund ist es für das Vermeiden negativer karmischer Tendenzen, die durch Gedanken, Worte und Taten entstehen, entscheidend, dass man sich selbst in Liebe annimmt. Dabei kann es helfen, zu bedenken, dass es der buddhistischen Vorstellung nach kein festes Selbst gibt, sondern der aktuelle Charakter ist formbar und variiert durch gesammeltes Karma in jeder Existenz. Diese Ansicht bietet eine große Chance für die Selbstliebe, denn sie zeigt uns, dass wir nicht so sein müssen, wie wir uns gerade wahrnehmen, sondern, dass wir an uns arbeiten und uns verändern können, um der Mensch zu werden, der wir gerne sein wollen.

Wenn Sie zum Beispiel unglücklich darüber sind, dass Sie immer nach Plan handeln müssen, und sich stets an Regeln halten, dann werfen Sie dieses Selbstbild eigenständig über Bord, haben Sie Mut und wagen Sie die Veränderung. Das geht nicht von heute auf morgen, aber fangen Sie mit kleinen Schritten an. Das kann beispielsweise sein, dass Sie an einem Wochenende keine Pläne machen, sondern einfach den Tag auf sich zukommen lassen. Oder Sie gehen nach der Arbeit spontan mit einer Kollegin Kaffee trinken und erinnern sich daran, dass die Hausarbeit auch wartet und morgen erledigt werden kann. Die Veränderungen sind schwierig, aber sie sind machbar. Wagen Sie den Schritt und wachsen Sie über sich selbst hinaus.

In diesem Veränderungsprozess gibt es einige Strategien, die dabei helfen können, sich selbst wahrzunehmen, zu reflektieren und schließlich zu verändern.

Die erste Strategie zum Gelingen ist es, Ruhe zu bewahren. Bleiben Sie ruhig und geduldig mit sich selbst und mit Ihrem Umfeld. Lassen Sie sich nicht aus dem Konzept bringen, egal, was geschieht. Verlieren Sie sich nicht in Ärger über sich selbst, wenn Sie in alte Muster zurückfallen. Lassen Sie sich nicht von der Hektik auf der Arbeit oder in der Familie mitziehen, sondern sammeln Sie sich in sich selbst und ziehen Sie Kraft aus der inneren Ruhe.

So kann es Ihnen gelingen, jede Situation heil zu überstehen und nicht unüberlegt oder aus überschwappenden Emotionen heraus zu handeln. Seien Sie geduldig und geben Sie sich und Ihrem Umfeld Zeit, sich an neue oder ungewöhnliche Situationen anzupassen. Dazu können Achtsamkeitsübungen und Meditation helfen. Finden Sie Ihre innere Mitte und lernen Sie, sich dort sammeln und beruhigen zu können. So können Sie stets das Gleichgewicht bewahren und gelassen bleiben. Denn nichts, was geschieht, kann so relevant sein, dass es Ihr gesamtes Leben aus der Bahn wirft und es deshalb wert ist, dass Sie sich Ihrer emotional aufgeladenen Reaktion hingeben.

Dazu gehört auch die zweite Strategie, die besagt, dass man sich auf sich selbst konzentrieren soll. Das bedeutet nicht, dass man ein egozentrisches Weltbild errichten soll, in dem die Bedürfnisse der Mitmenschen keine Rolle spielen; im Gegenteil, Mitgefühl und Fürsorge sind wichtige buddhistische Tugenden. Vielmehr ist damit gemeint, sich auf die eigene Persönlichkeit, auf alle Stärken und Schwächen zu konzentrieren. Beobachten Sie sich selbst. Wie gehen Sie auf andere Menschen zu? Wie reagieren Sie in bestimmten Situationen? Wo liegen Ihre Stärken und was würden Sie eher als Schwächen bezeichnen? Daraus können Sie die Aspekte Ihres Charakters ableiten, die Sie gerne verändern möchten. Fokussieren Sie sich darauf und setzen Sie Ihre Kräfte für die Veränderung ein, statt sie in Ärger, Neid oder Streit mit anderen zu investieren.

Dieses Vorhaben ist anstrengend und schwierig, aber es ist wichtig, nie aufzugeben. Glauben Sie an sich selbst und setzen Sie sich Ziele. Denn es ist viel motivierender, wenn Sie viele kleine Zwischenziele haben, die Sie Stück für Stück erreichen können, als wenn Sie vor einem Berg an fast unüberwindbaren Bestrebungen stehen. Wenn Sie zum Beispiel wahrnehmen, dass Sie ein Ja-Sager sind und fast immer das machen, was andere verlangen, statt auf eigene Bedürfnisse zu hören, dann können Sie daran arbeiten. Nehmen Sie sich aber nicht vor, ab morgen immer Nein zu sagen und nur noch das zu tun, was Sie möchten. Sie werden scheitern.

Fangen Sie stattdessen langsam an. Setzen Sie sich das Ziel, ein Mal in der Woche Nein zu sagen, wenn Sie um etwas gebeten werden. Beziehen Sie sich dabei zunächst nur auf das Privatleben, denn dort ist es leichter, andere eventuell vor den Kopf zu stoßen. Erhöhen Sie die Anzahl, spüren Sie, wie Sie an sich selbst wachsen und zufriedener werden und werden Sie mutiger. Motivieren Sie sich selbst durch Zwischenziele und verlieren Sie dabei nie das große Ziel der gesteigerten Selbstliebe aus dem Blick. Geben Sie nicht auf, wenn Sie scheitern oder in alte Muster zurückfallen, sondern haben Sie Vertrauen in sich selbst.

Schließlich ist es eine wichtige Strategie, im gesamten Veränderungsprozess sanftmütig und genügsam zu sein. Bleiben Sie flexibel, achten Sie auf Ihr Umfeld, passen Sie sich an, um nicht an eigenen starren Vorstellungen zu zerbrechen. Dazu gehört auch, einmal nachzugeben und nachsichtig mit Ihrem Umfeld zu sein. Streben Sie nach Harmonie und Frieden. Es geht hier um Sie selbst und nicht um Ihre Mitmenschen, denn jeder ist für den eigenen Charakter verantwortlich. Arbeiten Sie an sich und versuchen Sie dann, die Selbstliebe an die anderen weiterzugeben. Außerdem kann es helfen, wenn Sie sich in Genügsamkeit üben, denn dann können auch kleine Augenblicke Sie glücklich machen und Sie werden insgesamt zufriedener.

Dabei ist es wichtig, sich erneut an die dualistische Wahrnehmung zu erinnern, nach der der Mensch dazu neigt, zwischen Innen und Außen, zwischen Ich und „die anderen“ klar zu differenzieren. Tatsächlich steht jedoch alles im Zusammenhang und bildet ein großes Ganzes, das den Regeln des Samsara folgt. Auch Sie und Ihr Charakter sind Teil dieses Kreislaufs. Sie sind heute, wer Sie sind, durch alles Karma, das Sie angesammelt haben. Werden Sie sich darüber bewusst und behalten Sie diese Tatsache in Erinnerung. Denn auch alle aktuellen und zukünftigen Handlungen wirken auf diesen Kreislauf. Nehmen Sie sich als Teil dessen wahr, akzeptieren Sie die Gegebenheiten und schöpfen Sie daraus Kraft, um sich zu dem zu machen, was Sie sein wollen.

Dazu gehört auch, negative Eigenschaften zu akzeptieren, statt sie zu leugnen und sie so als Anlass für Veränderung zu nehmen. Dabei sollten Sie sich jedoch auch auf Ihre positiven Charakterzüge konzentrieren, denn Sie bieten großes Potential. Jeder Mensch hat Licht- und Schattenseiten, aber niemand muss dauerhaft in der Dunkelheit bleiben.

Beobachten Sie sich selbst, reflektieren Sie sich, lieben Sie sich – und begegnen Sie aus dieser Liebe heraus friedlich Ihren Mitmenschen.

Fangen Sie klein an, indem Sie sich Ihrer selbst in der Meditation bewusst werden. Daraus können Sie den Willen zur Veränderung entwickeln. Dann folgt der nächste Schritt, in welchem Sie sich selbst achtsam beobachten – dazu kann zum Beispiel ein kleines Buch helfen, in das Sie sich täglich Ihre Beobachtungen notieren – und reflektieren, wo Ihre Stärken und Schwächen liegen. Anschließend sollen Sie üben, sich selbst wahrzunehmen. Nehmen Sie sich dafür Zeit und schaffen Sie bewusste Auszeiten vom Alltag. Stellen Sie sich zum Beispiel vor den Spiegel und sehen Sie sich an.

Das bin ich, mit allen guten und schlechten Seiten! Oder legen Sie sich ins Gras, schließen Sie die Augen und lauschen Sie der Natur. Stärken Sie Ihre Wahrnehmung. Konzentrieren Sie sich dann auf sich und darauf, womit Sie schon zufrieden sind, und schöpfen Sie Kraft daraus. Lernen Sie, sich selbst und Ihre Emotionen sowie Reaktionen zu verstehen. Warum verhalte ich mich so? Dann können Sie mit der Arbeit beginnen, sich Ziele setzen und Stück für Stück die negativen Eigenschaften überwinden, die Sie als störend empfinden. Glauben Sie an sich selbst und haben Sie Mut. Sie können das schaffen.

Denn Selbstliebe bedeutet, sich selbst zu akzeptieren, auf die eigenen Fähigkeiten zu vertrauen und den Bedürfnissen zu folgen, sich nicht aus der Ruhe bringen zu lassen, sich nicht ständig mit anderen zu vergleichen und sich Zeit für sich selbst zu nehmen. So kann man ein inneres Gleichgewicht erlangen, das zu heilsamen Handlungen und friedlichen Begegnungen führt, die positives Karma und eine Annäherung an die buddhistische Erkenntnis bewirken können.

UNSERE MITMENSCHEN

Neben der liebevollen Begegnung mit dem eigenen Ich voller Selbstliebe ist auch die Beziehung zu den Mitmenschen für das Bewirken von positiven karmischen Tendenzen entscheidend. Wie oben beschrieben, kann nur derjenige, der sich selbst liebt, auch die anderen annehmen und ihnen Mitgefühl, Güte und Liebe schenken.

Doch wie schafft man es, offen und heilsam auf andere Menschen zuzugehen?

Der Schlüssel hierzu liegt erneut in einem selbst. Denn man kann seine Mitmenschen nicht dazu zwingen, sich zu verändern oder gutes Verhalten anzugewöhnen, sondern man kann lediglich an sich selbst arbeiten und ein Vorbild sein. Vielleicht gelingt es so, dass der Gegenüber sich daran orientiert und dies nachahmt. Besonders bei Kindern kann das oft geschehen. Doch auch Erwachsene reagieren direkt auf ihre Mitmenschen. So konnte man zum Beispiel bei der Analyse von Körpersprache herausfinden, dass Menschen, die ihren Gesprächspartner sympathisch finden, unbewusst dessen Bewegungen und Haltungen nachmachen. Warum soll dieses Prinzip nicht auch für das gesamte Miteinander gelten? Denken Sie einmal darüber nach, wem gegenüber Sie sich freundlich verhalten würden. Dem Nachbarn, der Ihnen aufgebracht im Flur hinterherschreit, dass Ihre Mülltonne im Weg steht, oder demjenigen, der bei Ihnen klingelt und ruhig sein Anliegen vorträgt? Daran können Sie erkennen, dass jede zwischenmenschliche Beziehung auf Gegenseitigkeit beruht. Auch hier gilt das Prinzip von Reiz und Reaktion. Denn eine Person tut etwas und die Mitmenschen reagieren darauf.

Wenn Sie nun friedliche, harmonische Beziehungen zu Ihren

Mitmenschen gestalten wollen, ist es wichtig, zu beobachten, wie Sie selbst auf andere zugehen. Bin ich ruhig und freundlich? Höre ich zu? Bleibe ich fair? Nur, wenn Ihr eigenes Verhalten heilsam ist, kann auch die Beziehung positiv karmisch geprägt sein.

Dabei ist es wichtig, negative Einflüsse zu überwinden. Das liegt daran, dass nicht jeder Mitmensch im Umfeld die gleichen heilsamen Bestrebungen hat wie Sie selbst. Aus diesem Grund werden Sie immer wieder mit Anschuldigungen, Vorwürfen, Neid, Verrat und Streit konfrontiert sein. Dennoch können Sie selbst diese Situationen unbeschadet überstehen, indem Sie sich in sich selbst sammeln und darüberstehen. Lassen Sie sich nicht von den negativen Energien überwältigen und einfangen und kämpfen Sie nicht dagegen an, denn das ist sinnlos. Bleiben Sie stattdessen stark und gelassen, akzeptieren Sie die Tatsache als gegeben und wachsen Sie darüber hinaus. Sie können es aus sich herausschaffen, heilsam zu reagieren und nur positives Karma auszulösen.

Auf diese Weise nehmen Sie der gesamten Situation die Spannung und es wird nicht zur Eskalation kommen. Denn während negativ und negativ sich potenziert, lösen negativ und positiv sich auf. Deutlicher wird das durch ein Beispiel: Wenn Ihr Bruder immer wieder Streit auslöst, indem er Sie beide vergleicht und Sie schlecht macht, um selbst besser dazustehen, da Ihre Eltern Sie in Konkurrenz erzogen haben, dann löst das negative Energie aus. Reagieren Sie darauf, schießen Sie zurück und verletzen als Gegenschlag Ihren Bruder, so steigert sich die Negativität und die Situation eskaliert. Am Ende werden Sie beide enttäuscht, verletzt und traurig sein und sich mit dem anderen nicht wohlfühlen.

Wenn Sie jedoch in sich selbst eine feste Mitte haben, dann können Sie über der anerzogenen Konkurrenz mit Ihrem Bruder stehen. Stellen Sie sich vor, Sie reagieren auf die Beleidigungen und Abwertungen Ihres Bruders gelassen, stellen die Unterschiede zwischen Ihnen einfach als Gegebenheiten dar, ohne sie zu bewerten, dann ersticken Sie den gesamten Konflikt im Keim. Denn dann haben Sie durch die positive Reaktion die negative Energie ausgeglichen und es kommt nicht zum Streit. Stattdessen kann es gelingen, dass Sie aus sich heraus, durch Ihr positives Auftreten, eine heilsame Beziehung zwischen sich und Ihrem Bruder erzeugen. Selbstverständlich geschieht das nicht von heute auf morgen, sondern es ist ein zeitintensiver und wackeliger Prozess, der schon an Kleinigkeiten scheitern kann. Doch was haben Sie zu verlieren? Sammeln Sie sich in sich selbst und gehen Sie voller Liebe auf Ihre Mitmenschen zu. Denn wenn Sie an der äußeren Situation nichts ändern können, dann variieren Sie Ihr eigenes Verhalten. Auch das wird Wirkung zeigen.

Eine Anekdote dazu handelt von einem Mann, der in seinem Garten ein Blumenbeet anlegt und sich schon auf die wunderschönen, reinen Blüten freut, die er gesät hat. Als die Samen jedoch aufblühen, befindet sich auch Löwenzahn im Blumenbeet. Der Mann ärgert sich und versucht mit allen Mitteln, das Unkraut loszuwerden, um seine perfekte Vorstellung zu erreichen. Jedoch zeigt nichts Wirkung und auch die Vorschläge des königlichen Gärtners nutzen nicht. Schließlich erhält der Mann einen Rat: Wenn er den Löwenzahn nicht vertreiben kann, dann sollte er vielleicht versuchen, ihn lieben zu lernen.

Wie das perfekte Blumenbeet von Löwenzahn durchsetzt ist, so ist auch unser Leben. Denn wir können nicht alles kontrollieren und jegliche unliebsame Tatsache ausschließen. Doch dagegen anzukämpfen, bleibt meistens wirkungslos, sodass wir lernen sollten, auch die unangenehmen Teile unseres Lebens zu akzeptieren und als Gegebenheit anzunehmen. Nur dann können wir lernen, heilsam damit umzugehen. Wenn zum Beispiel das oben beschriebene Verhalten des Bruders der Löwenzahn in unserem Leben ist, dann kann man es nicht unterbinden oder vernichten, sondern man muss lernen, den Charakter des Bruders anzunehmen und damit umzugehen.

Aus diesem Grund gehört jedoch auch die Vergebung zu jeder zwischenmenschlichen Beziehung. Denn Fehler geschehen. Weder Sie selbst noch Ihre Mitmenschen sind perfekt, sondern jeder verhält sich einmal falsch. Sei es, weil man einen schlechten Tag hat, mit sich selbst unzufrieden ist oder einfach impulsiv handelt. Aus diesem Grund ist es wichtig, vergeben zu können. Und zwar sowohl anderen als auch sich selbst. Denn nur auf diese Weise kann es gelingen, Spannungen aufzulösen und friedliche Beziehungen zu schaffen. Dabei ist es hilfreich, die Rolle des Bewerters, in die man schnell hineingelangt, zu verlassen. Hören Sie auf, alles in Ihrem Leben – sich selbst, Ihre Mitmenschen und jedes Ereignis – als gut oder schlecht zu bewerten. Fangen Sie stattdessen damit an, ein Beobachter zu werden. Beobachten Sie neutral, was geschieht.

Wie verhalte ich mich? Was tun meine Mitmenschen? Was geschieht in meinem Leben? Bleiben Sie dabei wertfrei, dann entstehen kein Schmerz, keine Enttäuschung und keine Traurigkeit in Ihnen, sondern Sie können alles als Tatsache akzeptieren. Auf diese Weise fällt es Ihnen leichter, zu entscheiden, wie Sie reagieren wollen, und es kann gelingen, dass sie durch positives Verhalten negative Energien in Ihrem Leben ausgleichen können. Denken Sie also nicht „Ich habe so ein Pech, dass mein Kollege so ein arroganter Idiot ist! Ich ertrage es nicht, mit ihm zu arbeiten!“, sondern akzeptieren Sie, dass Ihr Kollege so ist, nehmen Sie es an und reagieren Sie heilsam darauf. Geben Sie den von ihm ausgehenden negativen Energien keinen Platz, sondern bleiben Sie neutral und reagieren Sie aus sich heraus positiv darauf. Stehen Sie darüber, lassen Sie sich nicht ärgern, sammeln Sie sich in sich selbst.

Denn auf diese Weise erreichen Sie heilsames Handeln: Reagieren Sie bewusst, überwinden Sie Gewohnheiten und besinnen Sie sich vor jeder Entscheidung auf das Ziel des positiven Karmas und der buddhistischen Erkenntnis der Wahrheit. Handeln Sie frei und selbstbestimmt und lassen Sie sich nicht von Ihren Emotionen verleiten.

Bleiben Sie ruhig und schaffen Sie ein angenehmes Klima, in dem Sie und Ihre Mitmenschen sich wohlfühlen, sodass die Beziehungen positive Energien auslösen.

Dennoch gehört dazu auch, sich teilweise von Menschen abzuwenden und Beziehungen zu beenden, die Ihnen großen Schaden zufügen und so viel negative Energie in Ihr Leben bringen, dass Sie nicht wissen, wie Sie diese jemals überwinden sollen. Es ist in Ordnung, Nein zu sagen und Grenzen zu ziehen. Denn es ist Ihr Leben, Sie sind dafür verantwortlich und dürfen deswegen auch darüber bestimmen. Sie müssen sich nicht von Ihrem Vermieter einschüchtern, von Ihrem Chef drangsalieren oder von Ihren angeblichen Freunden beleidigen lassen. Ziehen Sie einen Stoppstrich, vertrauen Sie in sich selbst und wenden Sie sich ab. Denn Sie können die anderen nicht verändern, aber sich selbst.

Generell gilt für den Umgang mit anderen, dass Sie nicht alles persönlich nehmen müssen, sondern die schlechte Laune des anderen auch auf sein eigenes Wohlbefinden zurückführen können. Beschimpft der andere mich wirklich wegen etwas, das ich falsch gemacht habe? Dann sollte ich mich entschuldigen. Oder rührt die Wut von woanders her und stammt aus seiner eigenen Unzufriedenheit? Dann kann ich darüberstehen. Dennoch müssen Sie sich nicht alles bieten lassen, sondern dürfen Grenzen setzen und Situationen verlassen, in denen der andere sich aus seinen Emotionen nicht befreien kann. Suchen Sie lieber zu einem späteren Zeitpunkt in einem ruhigen Moment erneut das Gespräch, statt den aktuellen Konflikt eskalieren zu lassen. Trotzdem ist es wichtig, Mitgefühl zu haben, Verständnis zu zeigen und sich in den anderen hineinzuversetzen. Was fühlt der andere und warum? Wie kann ich ihm helfen? Gehen Sie offen und positiv auf den anderen zu, helfen Sie ihm, mit Gefühlen umzugehen, und bieten Sie Unterstützung an. Am besten ist, wenn man dabei Ich-Botschaften verwendet, da sie Verständnis zeigen, ohne überheblich zu wirken oder anzugreifen. Außerdem ist es schön, anderen ein gutes Gefühl zu vermitteln, indem man ihnen Anerkennung, Lob oder Komplimente schenkt. Jeder freut sich, wenn positive Dinge wahrgenommen werden.

Sie selbst haben die Kontrolle über Ihr Leben und das Verhältnis zu Ihren Mitmenschen in der Hand. Bleiben Sie ruhig und handeln Sie besonnen, um positive Beziehungen zu gestalten und durch heilsames Handeln positive karmische Tendenzen auszulösen.

Unsere Mitmenschen als karmischer Spiegel

Im vorherigen Kapitel wurde ausführlich darauf eingegangen, wie es gelingen kann, aus sich selbst heraus positives Karma zu erzeugen. Dabei war der Fokus auf der inneren Mitte entscheidend, aus der heraus man heilsam handeln sollte. Dennoch gibt es auch die andere Richtung von Karma, nämlich die Energien, die von außen auf uns eintreffen. Denn der Mensch ist Teil eines großen Gesamtzusammenhangs, in dem alles dem Gesetz von Ursache und Wirkung unterliegt. Jede Handlung bewirkt Veränderungen im Energiefeld, wodurch neue Energien generiert werden.

Aus diesem Grund können wir nicht nur aus uns heraus handeln und bewusst die karmischen Tendenzen unseres Lebens steuern, sondern es wirken auch Energien von außen auf uns ein. Dabei können unsere Mitmenschen als karmischer Spiegel fungieren, die uns zeigen, welches Karma wir durch unser Verhalten auslösen.

Dafür soll im Nachfolgenden analysiert werden, inwiefern unsere Beziehungen, unser Arbeitsplatz und unsere Familie karmische Tendenzen widerspiegeln.

LEIDVERURSACHENDE BEZIEHUNGEN

Manchmal hat man das Gefühl, komisch zu sein und nichts aus alten Fehlern zu lernen. Denn wie kann es sein, dass man immer wieder in negative, ausbeutende und unerfüllte Beziehungen gerät? Was macht man falsch? Was stimmt nicht mit einem?

Nach jeder schlechten Erfahrung nimmt man sich vor, es beim nächsten Mal besser zu machen, aufmerksamer zu sein, die Beziehungsprobleme im Keim zu ersticken. Und dennoch gerät man wieder in den Strudel aus Anziehung und Abstoßung zwischen sich und dem Partner oder der Partnerin. Deshalb ist die buddhistische Erklärung hilfreich, denn sie führt dieses Phänomen auf sogenanntes Beziehungskarma zurück. Das ist nicht weiter verwunderlich, da Karma ja wie bereits beschrieben in allen Bereichen, in jedem Tun und durch jede Entscheidung im jetzigen sowie in vorherigen Leben entsteht. Auf diese Weise hat man auch karmische Tendenzen gesammelt, die sich in der Partnerschaft spiegeln. Dabei ist es möglich, dass man selbst Ursachen ausgelöst hat, die nun Wirkung zeigen. Alternativ kann es auch sein, dass man schon einmal einen Bezug zu der Person, mit der man jetzt eine Beziehung führt, hatte, zum Beispiel als Liebende, als Geschwister oder als Rivalen. Auf diese Weise wurden Energien erzeugt, die sich jetzt durch die erneute Begegnung auflösen müssen. Es besteht möglicherweise eine karmische Verbindung aus einer vorherigen Existenz, die ausgeglichen werden muss. Denn jedes Karma entfaltet seine Wirkung und jede Ursache hat eine Folge.

Doch auch, wenn man dem Partner oder der Partnerin zuvor noch nicht begegnet ist, dann hat die Beziehung eine bestimmte Prägung. Diese entsteht durch die gespeicherten Gedankengänge und Emotionen und das vorangegangene Handeln, das Karma ausgelöst hat und noch nicht ausgeglichen ist. Deswegen müssen wir uns mit unseren eigenen angesammelten Energien in aktuellen Partnerschaften auseinandersetzen.

Grundsätzlich wird eine Beziehung zwischen zwei Menschen durch Verliebtheit, Anziehung, Verlangen und Sehnsucht gestärkt. Man möchte den anderen immer um sich haben, berühren und ansehen. Trotzdem kann es vorkommen, dass sich in diese Gefühle der Zuneigung mit der Zeit Disharmonien, Unzufriedenheiten und Unstimmigkeiten einschleichen. Das führt dazu, dass es zu Streit, Vorwürfen und Kritik kommt, Fehler werden missbilligt und ein Ungleichgewicht entsteht. Dadurch ist ein friedliches, harmonisches Zusammenleben nicht länger möglich. Die Ursache hierfür liegt oftmals in unausgeglichenen karmischen Energien, die jeder in die Beziehung mitgebracht hat. Sie führen dazu, dass Spannungen und Konflikte entstehen, da sie ihre Wirkungen entfalten. Dabei kann es vorkommen, dass sehr unterschiedliche Energien aufeinanderprallen, während sie sich entladen. Dennoch bedeutet das nicht, dass die Beziehung enden muss. Denn wenn die Liebe stark genug ist, dann kann man es als Paar schaffen, diese Entladung der aufgestauten Energie gemeinsam durchzustehen, damit umzugehen und sie schließlich zu überwinden. Anschließend ist ein erneutes Beisammensein in Harmonie und Ruhe möglich.

Daraus kann man ableiten, dass Unstimmigkeiten in der Partnerschaft ein Zeichen für die Entladung karmischer Energien sind, die ihre Wirkung entfalten müssen. Das bedeutet nicht, dass man sich alles gefallen und jegliches Leid ertragen muss, da man es nur überstehen muss, um die Energien auszugleichen. Stattdessen sind Gewalt, Manipulation und Verrat in einer Beziehung nicht tolerierbar. Der Mensch, der seinem Partner auf diese Weise schadet, hat starkes negatives Karma gesammelt, dass sich auch negativ entlädt. Hier ist es besser, Abstand zu nehmen. Dabei ist es wichtig, dass Sie davon überzeugt bleiben, dass nicht Sie der Grund für dieses Verhalten Ihres Partners sind, sondern er hat die Ursachen selbst ausgelöst. Dann ist auch nur er oder sie allein dafür verantwortlich, die Konsequenzen zu ertragen.

Umgekehrt ist es jedoch auch möglich, dass Sie an sich selbst beobachten, dass Sie schadhaft in der Beziehung handeln. Seien Sie aufmerksam und reflektieren Sie Ihr Verhalten. Auch das kann ein Spiegeln von Karma, das sich jetzt auswirkt, sein. Versuchen Sie, damit umzugehen und es auszugleichen, ohne dabei Ihren Partner oder Ihre Partnerin zu schädigen. Wenn Ihnen zum Beispiel auffällt, dass Sie dazu neigen, stets Kritik zu äußern oder jegliches Tun zu bewerten, dann fühlt sich das nicht gut an für Ihren Partner, sondern er fühlt sich im Gegenteil unwohl, beobachtet und abgewertet. Nehmen Sie das wahr und verstehen Sie, dass sich hier Ihr eigenes Karma auswirkt. Akzeptieren Sie das als gegeben und lernen Sie, sich in sich selbst zu sammeln und damit umzugehen, bis die negativen Energien sich ausgeglichen haben. Ziehen Sie sich zurück oder distanzieren Sie sich von Ihrem Partner, wenn dieser gerade mitgebrachte Energien aufarbeiten muss.

Dies kann als Ablehnung und Abweisung verstanden werden, jedoch kann es dabei helfen, als Paar die Auswirkungen der negativen Energien zu überstehen. Außerdem kann man in der anschließend wieder einkehrenden Harmonie entdecken, dass die Liebe stark war und die Krise überdauern konnte. Man kann sich auf den anderen verlassen und er bleibt da, auch, wenn es schwierig wird. So kann es gelingen, dass die Beziehung andauert, altes negatives Karma übersteht und dazu führt, dass neue, positive Energien ausgelöst werden. Denn die Liebe und die Verbindung bleiben und können sich nun frei von Karma entfalten. Das Zusammenspiel aus Loslassen und Zueinanderfinden, Zulassen und Vertrauen ist entscheidend für die gemeinsame Entwicklung als beständige Lebenspartner.

Wenn Sie also immer wieder Beziehungen erleben, die belastend und ausbeutend sind, dann muss das nicht an Ihrem Charakter liegen, sondern es ist wahrscheinlich, dass dies lediglich ein Spiegel Ihres

Karmas ist. Lassen Sie sich davon jedoch nicht entmutigen, sondern nehmen Sie es als Gegebenheit an. Denn alles befindet sich unter der Wirkung von Karma, jede gesammelte Energie wird sich ausgleichen und jede aktuelle Handlung bewirkt neue Energien. Es kann sein, dass Sie bisher einfach keinen Partner gefunden haben, mit dem die Liebe so stark war, dass sie jegliche karmische Auswirkungen überdauern und die darauffolgende Harmonie erleben konnte. Es ist aber auch möglich, dass Sie sich gerade in einer Partnerschaft befinden, die genau diesen Zustand erreichen kann. Halten Sie Spannungen aus, lassen Sie los und haben Sie Vertrauen. Jede Energie ist irgendwann ausgeglichen.

„STRESS" AM ARBEITSPLATZ

Neben den Eigenschaften in der Partnerschaft kann auch der Arbeitsplatz als karmischer Spiegel dienen. Doch in welchem Zusammenhang stehen Beruf und Karma?

Generell verbringt ein Erwachsener einen Großteil des Tages mit Arbeiten. Auf diese Weise hat die Berufstätigkeit weitreichende Auswirkungen auf das gesamte Leben und die Ansichten des Menschen, denn er wird täglich beeinflusst von der Art seiner Tätigkeit, der Motivation und der inneren Haltung dabei sowie von dem Arbeitsumfeld aus Kollegen, Vorgesetzten und Räumlichkeiten. Aus diesem Grund bewirkt er zum einen durch jede Arbeitshandlung karmische Energie, bekommt umgekehrt die positiven oder negativen Tendenzen am Arbeitsplatz jedoch auch gespiegelt.

Deshalb ist es wichtig, den buddhistischen Ansatz der Ganzheitlichkeit zu bedenken. Denn man neigt schnell dazu, zwischen verschiedenen Lebensbereichen zu trennen, Arbeit und Privatleben zu separieren und eine Work-Life-Balance anzustreben. Das ist für die Regulation des Arbeitspensums durchaus sinnvoll, jedoch sollte man sich daran erinnern, dass laut dem Buddhismus diese Trennung nicht möglich ist. Stattdessen erzeugt jede Entscheidung karmische Tendenzen, die sich auf die gesamte Existenz auswirken. Gleichzeitig gleichen karmische Energien sich auch in allen Lebensbereichen aus: Im Alltag, in der Beziehung, im sozialen Umfeld, am Arbeitsplatz.

Aus diesem Grund sollte man versuchen, den Beruf in die Achtsamkeitsübungen einzubeziehen und in der Meditation zu reflektieren. Denn man sollte sich die Fragen nach dem eigenen Ehrgeiz und Leistungsstreben, den ethischen und moralischen Folgen der Arbeit, der Authentizität und dem Statusgefühl am Arbeitsplatz sowie dem Umgang mit Aufgaben, Kritik und Kollegen stellen. All diese Handlungen wirken sich auf die Gesamtheit des Karmas aus.

Dennoch kann es sein, dass man die Arbeit als Stress und Belastung erlebt. Aus diesem Grund sollte man hinterfragen, ob der Arbeitsplatz dabei hilft, das karmische Konto zu verbessern, oder ob er es noch zusätzlich belastet?

Dazu muss man zuerst einmal analysieren, woher der Stress am Arbeitsplatz stammt. Dafür kann es verschiedene Ursachen geben. Zum einen ist es möglich, dass der Auslöser in einem selbst liegt. Vielleicht ist man unzufrieden mit der Tätigkeit, man zweifelt an der eigenen fachlichen Kompetenz, die man zum Erledigen der Aufgaben benötigt, oder man sieht sich ständig in Konkurrenz zu anderen. Es können aber auch andere Faktoren das Stressempfinden bewirken: Unstimmigkeiten mit den Kollegen, Schwierigkeiten mit den Vorgesetzten, Überforderung durch strenge Abgabefristen oder übermäßig viele Aufgaben. Um den Stress auflösen zu können, ist es wichtig, die genaue Ursache zu analysieren. Schließlich kann man dadurch daran arbeiten, Gegebenheiten zu verändern oder eigene Einstellungen zu überdenken.

Werden Sie sich zum Beispiel darüber klar, warum Sie sich immer in einen Wettbewerb mit Ihrem Kollegen setzen. Was ist der Auslöser? Fordert Ihr Chef oder Ihr Kollege das ein? Haben Sie das Gefühl, stets verglichen zu werden? Oder erzeugen Sie selbst den Konkurrenzdruck?

Werden Sie sich darüber bewusst, reflektieren Sie Ihr Verhalten und versuchen Sie, Ihre Einstellung oder Ihre Handlungen zu verändern.

Denn nur so schaffen Sie es, den Stress, der negative karmische Energie bewirkt, zu überwinden und stattdessen heilsam zu handeln, sodass auch die Arbeit zu positivem Karma beiträgt. Versuchen sie beispielsweise, Ihren Kollegen besser kennenzulernen, sodass er zu einem Menschen mit Stärken und Schwächen wird, statt zu dem distanzierten Überflieger, mit dem Sie mithalten müssen. Alternativ können Sie auch versuchen, zusammen zu arbeiten, um möglicherweise zu erkennen, dass Sie mehr erreichen, wenn Sie zusammen, anstatt gegeneinander arbeiten. Außerdem kann es Ihnen helfen, wenn Sie sich Ihre eigenen Erfolge vor Augen führen. Denn Sie sind kompetent – sonst hätten Sie nicht diesen Arbeitsplatz. Erinnern Sie sich regelmäßig daran, dass Sie Fähigkeiten besitzen und wissen, wie Sie diese einsetzen können, um beruflich weiter zu kommen.

Des Weiteren gibt es einen psychologischen Zusammenhang, der Stress entstehen lässt: Die Differenz zwischen Idealvorstellung und Realität. Ein Beispiel kann dieses Prinzip verdeutlichen. In Ihrer Idealvorstellung kommen Sie morgens um acht ins Büro, arbeiten konzentriert bis 12 Uhr, machen eine Stunde Mittagspause, bereiten dann das Meeting vor und gehen im Anschluss daran pünktlich um 16 Uhr nach Hause. Die Realität läuft allerdings ganz anders ab: Durch Stau erreichen Sie das Büro erst um 8:30 Uhr, dann bittet Ihr Kollege Sie um Hilfe, Ihre Chefin kommt mit einer spontanen, aber dringenden Aufgabe auf Sie zu und Sie werden durch ständig eintreffende E-Mails abgelenkt. So ist es schließlich 13 Uhr, Sie haben nur die Hälfte Ihres Vorhabens erledigt, gehen zu spät in die Mittagspause und verfallen in Stress.

Denn es bleibt nur noch wenig Zeit, um das Meeting vorzubereiten, wodurch Sie es länger nachbereiten müssen sowie noch kurz eine Aufgabe beenden müssen. Das führt dazu, dass Sie Ihr Büro schließlich völlig gestresst um 18 Uhr verlassen, unzufrieden sind und verärgert darüber, dass Aufgaben für morgen liegen geblieben sind. Wie kommt es dazu? An sich ist die beschriebene Realität sicher nicht ungewöhnlich und auch nicht selten für einen typischen Arbeitsalltag. Dennoch bewirkt sie oft Stress und Unzufriedenheit. Das liegt jedoch nicht unbedingt daran, dass der Tag so schlecht gelaufen ist.

Denn schließlich konnten Dinge erledigt werden und was liegen bleiben musste, kann man einfach auf den nächsten Tag schieben. Zusätzlich gab es sicher auch schöne Momente, wie das Mittagessen mit der neuen Kollegin, die nette E-Mail eines alten Kunden oder die Witze nach dem Meeting. Diese fallen in der Bewertung des Tages allerdings einfach unter den Tisch. Das liegt am Zusammenspiel von Idealvorstellung und Realität. Denn nur dadurch, dass man sich ein solches Idealbild geschaffen hat, entsteht das hohe Maß an Stress und Unzufriedenheit, da das Ideal nicht erreicht werden kann. Dennoch hält man daran fest, auch, wenn längst klar ist, dass es – zumindest für den heutigen Tag – unerreichbar ist. Das Streben nach einem unerfüllbaren Ideal löst also Stress aus.

Aus diesem Grund ist es so wichtig, den Arbeitsalltag achtsam zu beobachten und zu reflektieren. Auf diese Weise können Sie wahrnehmen, wo die Differenz zwischen Ideal und Realität entsteht, und lernen, anschließend nicht in Stress zu verfallen, sondern ruhig zu bleiben und das Gesamtbild zu betrachten. Ist es so entscheidend, dass mein Ideal heute nicht erreicht werden kann? Versuchen Sie, Ihre Vorstellung flexibler zu gestalten, um auf aktuelle Ereignisse reagieren und sie anpassen zu können. So ersparen Sie sich den kräftezehrenden Stress und können sich stattdessen darauf konzentrieren, heilsam zu handeln, um im Gesamtzusammenhang positive und nicht gestresste, negative karmische Tendenzen auszulösen.

KARMISCHE VERSTRICKUNGEN IN DER FAMILIE

Vorangegangen wurde auf die Bedeutung von Arbeit und Beziehung im Zusammenhang mit Karma eingegangen. Doch da Karma ganzheitlich wirkt, kann es auch die ganze Familie betreffen.

Manchmal kann man nicht verstehen, wie eine Familie so viel Glück oder Pech haben kann. So gibt es zahlreiche, überraschende, schockierende oder beneidenswerte Familiengeschichten über Reichtum, Verrat, Krankheit, Migration oder Erfolg. Wie kann es sein, dass bestimmte Geschehnisse über Generationen hinweg auf Familien wirken? Der Buddhismus sieht die Ursache hierfür in karmischen Verstrickungen von ganzen Familien. Deshalb ist es wichtig, dieses Karma zu erkennen und aufzulösen oder alternativ darüber nachzudenken, ob man sich eventuell davon distanzieren kann und möchte.

Dabei geht man davon aus, dass man Familienkarma schon vor der Geburt unbewusst aufnimmt. Denn jeder Mensch beginnt, als Lebewesen im Körper seiner Mutter zu reifen. Dabei ist man den Energien der Mutter ausgesetzt und empfängt alle Tendenzen, denen auch sie ausgesetzt ist. Auf diese Weise sind die Empfindungen, die Stimmung und die Energie der Mutter das erste Signal, das man aus der Welt empfängt.

Anschließend, nach der Geburt, wird man maßgeblich durch die Beziehungen zu den Geschwistern und Eltern, die häusliche Erziehung, die familiären Gewohnheiten und Traditionen sowie durch das Verhältnis in der Ehe der Eltern geprägt. Dadurch erlernt man unbewusst bestimmte Einstellungen und Verhaltensweisen, die den eigenen Charakter beeinflussen. Wächst man in einem Haus voller Verständnis, Liebe und Zuneigung auf, so ist es wahrscheinlich, dass man eine optimistische, offene und vertrauensvolle Weltsicht entwickelt. Ist man hingegen von Kälte, Chaos und Strenge umgeben, so fällt es später vermutlich schwer, sich auf andere einzulassen und die Skepsis abzulegen. Alle Ansichten, Einstellungen und Stimmungen werden von Generation zu Generation weitergegeben, sodass zum Beispiel noch die Urenkel das geizige Verhältnis zu Lebensmitteln erfahren, dass vor Generationen durch traumatische Kriegserlebnisse in die Familie gelangte.

Auf diese Weise wird man von dem familiären Karma nachhaltig geprägt. Nichtsdestotrotz ist jeder für seine eigenen Handlungen und das daraus entstehende Karma verantwortlich. Dieses ist jedoch untrennbar in den familiären Kontext eingebettet. Wie kann man das Familienkarma erkennen und auflösen?

Das Wichtigste dabei ist, die eigenen Einstellungen und Verhaltensweisen zu reflektieren und zu untersuchen, woher sie stammen. Dazu zählt zum Beispiel das Thema Geld. Wenn Sie ein sehr sparsamer Mensch sind, hat das Auswirkungen auf Ihr Leben. Zum Beispiel gönnen Sie sich wenig Luxus, wagen keine großen Investitionen in ein Haus oder Ähnliches und widersagen der Reise nach Afrika, obwohl Sie sich schon lange danach sehnen. Doch woher kommt diese Einstellung? Oftmals verhalten wir uns den erlernten Mustern entsprechend. Das heißt, Sie haben vermutlich von Ihren Eltern das Sparen erlernt und diese von Ihren Eltern und so weiter. Vielleicht können Sie die Ursache herausfinden – wie zum Beispiel großer Verlust durch politische Unruhen, eine Finanzkrise oder fehlende Arbeit – und sie in Ihrer Familie aufarbeiten. Alternativ kann es schon helfen, diese Tatsache überhaupt festgestellt zu haben. Sie haben das Verhalten aufgrund des Familienkarmas erlernt. Indem Sie sich darüber bewusst werden, können Sie daran arbeiten und dieses Karma überwinden. Dazu müssen Sie mutig sein, etwas wagen und aus alten Verhaltensmustern ausbrechen.

Doch wie kann es gelingen, dieses langanhaltende Familienkarma aufzulösen? Der erste Schritt ist die bereits beschriebene

Wahrnehmung und Akzeptanz der Gegebenheit. Es ist so und man muss es annehmen. Grund dafür ist, dass die Energie in der Familie hängen geblieben ist. Sie wurde durch ein bestimmtes Ereignis und die daraus resultierenden Verhaltensweisen ausgelöst und immer weiter getragen, anstatt überwunden zu werden. Zum Beispiel wurde die Sparsamkeit von Generation zu Generation weitergegeben, anstatt den Ursprung zu reflektieren und die Einstellung an die aktuellen Gegebenheiten anzupassen. Aus diesem Grund ist es wichtig, diese Energien wieder in Schwung zu bringen. Dafür muss man sich emotional von der Familie ein wenig distanzieren und stattdessen den Gesamtzusammenhang der Familiengeschichte und den angesammelten Energien erkennen. Dabei ist es wichtig, sich nicht darüber zu ärgern, dass nicht schon zuvor jemand das Karma erkannt und aufgelöst hat, sondern es einfach anzunehmen.

Anschließend kann man aus einer neutralen Sichtweise heraus die Ursachen der angesammelten Energien annehmen, reflektieren und dann verändern, um sie so an die Gegenwart und die Heilsamkeit anzupassen. Lernen Sie zum Beispiel, die anerzogene Sparsamkeit zu überwinden. Gönnen Sie sich etwas, gehen Sie realistisch mit Ihrem Vermögen um und nutzen Sie Ihre Möglichkeiten. Versuchen Sie, diese veränderte Einstellung zu verinnerlichen, um sie auf diese Weise an Ihre eigenen Kinder weitergeben zu können. Denn so kann es gelingen, die Energien aufzulösen und stattdessen neue, positive Energien zu generieren. Es kann sein, dass diese Veränderung nicht nur auf Sie selbst, sondern auf das gesamte Familiennetzwerk positive Auswirkungen hat. Das ist wundervoll. Allerdings ist es nicht immer möglich. Aus diesem Grund sollte man daran denken, dass jeder Mensch für sich verantwortlich ist und auch nur für sich selbst handeln kann. Wenn Ihre Geschwister zum Beispiel das geizige Verhalten nicht erkennen wollen, dann müssen Sie akzeptieren, dass sie es beibehalten und an ihre Kinder weitergeben werden. Brechen Sie keinen Streit vom

Zaun, sondern fokussieren Sie sich auf sich selbst.

Allerdings kann es vorkommen, dass das Familienkarma gravierende Ausmaße hat. Es ist zum Beispiel möglich, dass eine Familie von Gewalt, Kriminalität und Missbrauch geprägt ist. An dieser Stelle ist es wenig aussichtsreich, dieses gewaltige Familienkarma überwinden zu können. Deshalb kann es wichtig sein, dass Sie stattdessen lernen, sich davon zu distanzieren. Sie können diese Gegebenheit nicht verändern, aber Sie können die Auswirkungen auf Ihr eigenes Leben selbstverantwortlich steuern.

Dennoch kann Familienkarma sich selbstverständlich auch positiv auswirken. Wenn die Ahnen zum Beispiel sehr großen Wert auf Gastfreundschaft, ehrenamtliche Hilfe und liebevolles Miteinander legten, so kann auch diese Einstellung von Generation zu Generation weitergegeben werden. Auf diese Weise sammeln sich positive Energien, die weitreichende Auswirkungen haben und die Familie positiv beeinflussen. Erkennen Sie auch hier die Ursache und achten Sie darauf, die positive Einstellung zu bewahren und weiterzugeben. Denn auch die Familie dient als karmischer Spiegel.

Bonus: Der Karma-Transformations-Guide

Karma wirkt immer und überall, wird durch jeden Gedanken, jede Handlung und jedes Wort ausgelöst, gleicht sich in Beziehungen, Familien und Berufen aus, bis auch die Energien aus vorherigen Existenzen bewältigt sind. Karma ist allumfassend.

Aus diesem Grund sollen im Folgenden noch einmal konkrete Tipps zusammengefasst werden, mit denen man heilsamer handeln und positive karmische Tendenzen auslösen kann. Dabei liegt der Fokus besonders auf der einfachen Umsetzung und der Anwendung direkt im Alltag.

Meditation

Deshalb ist das erste Tool die Meditation, denn sie ist das wichtigste und grundlegendste Mittel des Buddhismus, mit welchem man sich in sich selbst sammeln, der buddhistischen Erkenntnis näherkommen und aktiv positiv auf das Samsara einwirken kann. So ist es wichtig, zu wissen, wie man meditieren und wie man dies einüben kann, sodass

Meditation nicht länger höchste Anstrengung erfordert, sondern in den täglichen Alltag integriert werden kann. Generell geht es in der Meditation darum, alle äußeren Einflüsse und inneren Gedanken auszublenden und sich ganz auf den Moment und sich selbst zu konzentrieren.

Wenn jedoch dringende Gedanken auf den Geist einströmen, dann ist es hilfreich, sie urteilsfrei anzunehmen, wahrzunehmen und anschließend einfach vorbeiziehen zu lassen. So kann man Ruhe erlangen. Auf diese Weise kann man sich über den eigenen Charakter bewusst werden, die Gesamtheit des Lebens erkennen und das eigene Verhalten reflektieren. Dazu kann es am Anfang helfen, wenn man aus der Meditation ein Ritual macht, das man jeden Tag zu einer bestimmten Zeit an einem bestimmten, ruhigen Ort durchführt. Das kann im Schlafzimmer sein, im Garten, auf dem Balkon oder in einer Ecke, in der man sich wohlfühlt. Dann kann man sich am Anfang durch gleichmäßige, meditative Musik oder angenehme Düfte dabei unterstützen, die notwendige Konzentration zu erlangen. Zudem ist es entscheidend, eine bequeme Position im Sitzen, Stehen oder Liegen zu finden, in der man sich mehrere Minuten halten kann, ohne, dass Unannehmlichkeiten oder Schmerz die Meditation stören. Wem dieses Ausharren in Ruhe nicht liegt, der kann auch in der Bewegung meditieren.

Dazu gut geeignet sind zum Beispiel Yoga, Tai-Chi und Qu Gong, da die Bewegungen rhythmisch und gleichmäßig sind und man sich in den Abläufen auf den Fluss der Energie, den Atem und den Geist fokussiert. Vielleicht möchten Sie einen Kurs belegen oder sich von Videos oder einer App unterstützen lassen? Es gibt zahlreiche, zum Teil auch kostenfreie Angebote. Lassen Sie sich darauf ein und haben Sie Geduld. Meditation kann man – wie schon der Buddha wusste – trainieren und verbessern. Lernen Sie, sich auf sich selbst zu konzentrieren und die Gesamtheit wahrzunehmen.

Achtsamkeit

Der zweite wichtige Aspekt neben der Meditation ist die Achtsamkeit. Dabei geht es vor allem darum, die gesamte Aufmerksamkeit intensiv auf die Gegenwart zu richten. Ziel ist es, zu erkennen, wie es gerade ist und diesen Zustand zu akzeptieren. Es geht also um das bewusste Erleben des Moments. Dazu gehört, dass alle Empfindungen darauf gerichtet sind, das heißt, jeder Gedanke, jeder Sinn und jede Emotion nehmen das Jetzt wahr.

Wichtig dabei ist jedoch, wertfrei zu bleiben und die Tatsachen einfach als gegeben anzunehmen, statt sie zu bewerten oder einzuordnen. Auch diesen Zustand kann man erlernen und trainieren. Generell kann Achtsamkeit dabei helfen, die Selbstwahrnehmung zu steigern, sich der eigenen Gefühle und Gedanken bewusst zu werden, das eigene Verhalten zu reflektieren sowie die Umwelt verstehen zu können. Des Weiteren hilft Achtsamkeit dabei, Stärken und Schwächen zu erkennen, die psychische Gesundheit zu stärken und eine höhere Stressresistenz zu entwickeln, indem man die Ursache des Problems erkennen und sich auf diese Weise davon distanzieren kann, um eine neutrale Lösung zu finden. Außerdem unterstützt Achtsamkeit die Konzentration und die Offenheit Neuem gegenüber sowie die Empathie mit den Mitmenschen. Insgesamt führt eine achtsame Einstellung dazu, dass man sich weniger Sorgen macht, weniger an sich selbst zweifelt, mehr Geduld hat, eine optimistischere Einstellung entwickelt und ausgeglichener handelt.

Dabei kann man die Achtsamkeit direkt im Alltag trainieren. Zum Beispiel könnten Sie die Minuten nach dem Aufwachen im Bett liegen bleiben, den Moment in sich aufnehmen, den Vögeln lauschen, die Sonnenstrahlen beobachten und sich auf Ihre Atmung konzentrieren. Oder Sie nehmen die Zeit während des ersten Kaffees bewusst und ganz in Ruhe wahr. Alternativ können Sie Ihre Achtsamkeit jedoch auch während des Tages bewusst trainieren, sei es auf dem Weg zur Arbeit im Auto oder in der Bahn, beim Essen, wenn Sie spazieren gehen oder bevor Sie schlafen gehen. Versuchen Sie, die Gesamtheit des Augenblicks wahrzunehmen, auf Kleinigkeiten zu achten und alles neutral in sich aufzunehmen. Lernen Sie sich und Ihre Umgebung kennen, verwenden Sie Ihre fünf Sinne: Konzentrieren Sie sich auf Sehen, Hören, Riechen, Tasten und Schmecken. Atmen Sie bewusst, fokussieren Sie sich auf Ihre Mahlzeit, laufen Sie barfuß, berühren Sie die Natur.

Außerdem gehört zur Achtsamkeit auch das bewusste Reflektieren des eigenen Verhaltens. Dazu kann es helfen, wenn Sie sich Leitfragen stellen: Wie verhalten Sie sich anderen und sich selbst gegenüber? Warum ist das so? Was führt dazu? Lernen Sie sich kennen. Zudem kann es auch sehr wirksam sein, sich auf seine aktuelle Tätigkeit zu konzentrieren. Wenn Sie also zum Beispiel das Auto putzen, kochen oder im Garten arbeiten, dann fokussieren Sie sich ganz auf das, was Sie gerade tun. Nehmen Sie den Moment wahr.

Des Weiteren können Sie auch versuchen, Ihre Umgebung achtsam zu beobachten. Überfordern Sie sich dabei nicht, indem Sie das Gesamtbild erfassen wollen, sondern wählen Sie ein Detail aus und konzentrieren Sie sich darauf. Das kann ein Baum sein, ein Insekt, ein Mensch, ein Lichtstrahl oder vieles andere. Nehmen Sie sich ein bisschen Zeit, betrachten Sie das Objekt ganz genau und lassen Sie die Eindrücke auf sich wirken. Diese Übung kann Ihnen dabei helfen, die Umgebung auf einer tiefen Ebene zu erkennen und zu lernen, sie zu schätzen. Außerdem ist es wichtig, sich daran zu erinnern, dass auch Sie Teil dieser Umgebung sind, denn es gibt kein Ich und Du, sondern nur die Gesamtheit.

Ernährung

Ein weiterer wichtiger Aspekt für das Bewirken von positivem Karma im Alltag ist die bewusste Ernährung, die vorher schon vorgestellt wurde. Denn Peace Food ist eine wichtige Grundlage für heilsames

Verhalten. Aus diesem Grund sollten Sie sich mit Ihrer Ernährung beschäftigen, sich über die ökologischen und humanitären Bedingungen, unter welchen die von Ihnen gekauften Produkte erzeugt werden, informieren und anschließend bewusste Kaufentscheidungen treffen.

Auf diese Weise gelingt es Ihnen schon bei etwas so Alltäglichem wie dem Essen, ausschließlich positive Energien zu erzeugen. Achten Sie dabei auch auf Ihre eigene Gesundheit und ernähren Sie sich so, dass Sie Ihrem Körper Gutes tun. Außerdem sollten Sie auch die Spiritualität beachten und die Gesamtheit der Zusammenhänge bedenken. Denn es existiert ein Ungleichgewicht zwischen lebenswichtiger Ernährung und überflüssigem Genussstreben. Passen Sie Ihr Verhalten an, kaufen Sie regional und ökologisch wertvoll, vermeiden Sie es, Lebensmittel wegzuwerfen und respektieren Sie die Umwelt. Dazu gehört auch, Kochen und Essen bewusst wahrzunehmen, sich Zeit zu nehmen und stressfrei, regelmäßig und – wenn möglich – in Gemeinschaft zu essen. So tun Sie Ihrem Körper und Ihrem Geist etwas Gutes und können sich über die Mahlzeit freuen, statt sie gehetzt im Vorbeigehen zu sich zu nehmen. Achten Sie auf Ihre Ernährung und bedenken Sie immer die Gesamtheit von Erde, Lebewesen, Körper und Geist.

Heilsames Handeln

Hinzu kommt der Aspekt des heilsamen Handelns, welches die Grundlage für das Erzeugen von positivem Karma bildet. Nur, wer in Gedanken, Worten und Taten heilsame Absichten in sich trägt, kann positive Energien auslösen. Dabei sind Wille und Motivation entscheidend für das erzeugte Karma. Um überwiegend positives Karma zu erreichen, ist es wichtig, sich selbst gut zu kennen und die Zusammenhänge zu verstehen, sodass man seelenvolle Verbindungen zu seinen Mitmenschen herstellen kann. Dazu ist es notwendig, die Dimensionen des Geistes zu erweitern, sich von der dualistischen

Weltsicht – eine strikte Trennung zwischen Ich und „die anderen", zwischen Innen und Außen – abzuwenden und zur Erkenntnis der Wahrheit zu gelangen. Aus diesem Grund sind Meditation und Achtsamkeit so wichtig. Außerdem ist auch die Beschäftigung mit den buddhistischen Theorien und das Sammeln von Wissen über die Welt wichtig, da man nur dann basierte Entscheidungen treffen kann.

Auf diese Weise kann es gelingen, heilsam zu handeln. Das bedeutet, dass man sich selbst und seinen Mitmenschen friedlich begegnet, da die Seele ruhig und in sich gesammelt ist. So können Konflikte abprallen, Zweifel überstanden werden und negative Energien ausgeglichen werden. Selbstverständlich ist es nicht einfach, anderen gegenüber immer wohlwollend, großzügig, empathisch und freundlich zu begegnen, vor allem dann, wenn sie mit negativen Absichten auf einen zukommen. Dennoch ist es wichtig, dass Sie selbst nicht darauf eingehen, sondern aus sich selbst Kraft schöpfen und sich nicht verleiten lassen. Bleiben Sie stark und sorgen Sie dafür, ausschließlich positive Energien zu erzeugen.

Dazu kann es notwendig sein, dass Sie sich aus bestimmten Situationen oder von bestimmten Menschen distanzieren, tief durchatmen und sich selbst daran erinnern, wer Sie sind und was wirklich wichtig ist. Zählen Sie bis zehn, schließen Sie die Augen und konzentrieren Sie sich auf Ihr Inneres, denken Sie an Ihr Energiefeld. Schaffen Sie sich selbst Mantras, die Sie dabei unterstützen können. Das kann zum Beispiel ähnlich zu Folgendem sein: „Alles ist im Fluss, jede Ursache hat eine Wirkung. Ich bleibe ruhig. Ich vertraue auf mich selbst. Ich möchte nur positive Energie auslösen. Mein Ziel ist das heilsame Verhalten.".

Lassen Sie sich dabei auch nicht von Ungerechtigkeiten oder Provokationen beeinflussen. Das bedeutet nicht, dass Sie nicht für sich selbst einstehen sollen, aber tun Sie es auf eine freundliche, bestimmte Weise. Zeigen Sie Grenzen auf, ohne dabei jedoch in Gedanken, Worten oder Taten von heilsamem Verhalten abzuweichen. Das bedeutet, dass Sie zum Beispiel nicht schreien, nicht beleidigen, nicht handgreiflich werden, nicht abwertend oder verurteilend sprechen oder denken und vieles mehr. Nehmen Sie die Situation wahr und an und reagieren Sie freundlich und wohlwollend darauf. Sie allein haben Ihr Leben, jede Ursache und Wirkung, in der Hand.

Deshalb ist es wichtig, dass Sie aktiv dafür sorgen, positive karmische Tendenzen zu bewirken. Bleiben Sie nicht nur im Streit oder im Stress gelassen, sondern handeln Sie bewusst großzügig und gutherzig. Bieten Sie von sich aus Hilfe an, schenken Sie Fremden ein Lächeln, hören Sie Freunden aufmerksam zu, machen Sie Verwandten ehrliche Komplimente, teilen Sie mit Bekannten Ihre Gastfreundschaft, spenden Sie Luxus an ärmere Menschen. Das geht ganz leicht und nebenbei im Alltag, indem Sie zum Beispiel mitfühlend Ihrem Kollegen zuhören, auch, wenn dieser sich schon gefühlt zum hundertsten Mal über seine Frau beschwert. Werten Sie seine Gefühle nicht ab, sondern gehen Sie darauf ein, denn ein Zuhörer ist, was er gerade braucht. Oder helfen Sie der überforderten Mutter auf dem Supermarktparkplatz und laden Sie für sie die schweren Taschen in den Kofferraum. Engagieren Sie sich ehrenamtlich in einem Projekt, das Ihnen am Herzen liegt. Teilen oder verschenken Sie Dinge, die Sie im Überfluss haben. Jeder Nachbar freut sich über ein paar Äpfel von Ihrem Baum oder den Kuchen auf dem Dorffest. Die Möglichkeiten sind unbegrenzt, aber bemühen Sie sich, in Ihrem Alltag Aspekte zu finden, die gut zu Ihnen passen und mit denen Sie positives Karma erzeugen können. Dabei müssen die Handlungen nicht Ihren gesamten Tagesablauf verändern, sondern suchen Sie sich Dinge, die Sie in wenigen Minuten, nebenbei und ungezwungen, machen können. So schaffen Sie es, mit sich selbst zufrieden zu bleiben.

Offenheit

Neben dem heilsamen Handeln ist für eine ruhige Seele auch die

Offenheit Neuem gegenüber entscheidend. Dafür ist es wichtig, zu lernen, loszulassen. Sind die materiellen Güter in Ihrem Leben tatsächlich so entscheidend? Machen sie Sie glücklich? Versuchen Sie, sich davon zu distanzieren und Freude sowie Erfüllung stattdessen in anderen Dingen zu finden. Lernen Sie, sich an der Aussicht aus Ihrem Fenster zu erfreuen, am Flair, das in Ihrem Wohnort herrscht, an den Düften, die der Wind herüberträgt, an Ihrer Familie, Ihren Freunden oder an Ihrem Partner. Machen Sie sich frei von der Anhaftung an Gegenständen und öffnen Sie stattdessen Ihre Seele für Liebe, Schönheit und Frieden.

Dafür kann es auch hilfreich sein, viel zu reisen. Das muss nicht bedeuten, ein anderes Land oder einen anderen Kontinent aufzusuchen, sondern die Reise kann schon mit dem Fahrrad oder zu Fuß in Ihrem Umfeld stattfinden. Wichtig ist nur, dass Sie Neues entdecken, über Ihren Tellerrand blicken, Alternativen kennenlernen und damit beginnen, Ihre eigenen Gewohnheiten zu hinterfragen. Denn nur im Vergleich mit Unbekanntem kann Ihnen deutlich werden, dass manche Ihrer Verhaltensweisen vielleicht überdacht werden müssen. Vielleicht entdecken Sie auf einer Reise, dass ein mit dem Nachbarn geteilter Garten auch ein Vorteil für gemeinsame Grillabende sein kann. Oder Sie lernen, dass man sich an Wetterverhältnisse einfach anpassen kann, statt sich darüber zu ärgern. Möglicherweise nehmen Sie wahr, wie sich Offenheit und Gastfreundschaft auf eine Gesellschaft auswirkt oder wie man den Alltag auch mit mangelhafter Infrastruktur meistern kann. Machen Sie sich frei von Vorurteilen, begegnen Sie der Welt mit wachen Augen und öffnen Sie Ihre Seele für alles Schöne, sodass Sie in sich selbst Frieden finden können.

Schluss

Der Buddhismus bietet eine allumfassende Vorstellung, um das Leben in seiner Gesamtheit wahrzunehmen, das Prinzip von Karma zu verstehen und Handlungsoptionen zu entwickeln, wie man sich heilsam im Alltag verhalten kann.

Grundlage dafür ist das Verständnis von Samsara, nach dessen Lehre sich alles in einem Kreislauf aus Reinkarnation befindet. Positive und negative karmische Tendenzen entscheiden dabei darüber, auf welche Weise die neue Existenz gestaltet ist. Dabei ist es wichtig, zu verstehen, dass jeder Mensch sich im Zentrum seines Energiefelds befindet und durch jeden Gedanken, jedes Wort und jede Handlung neue – positive oder negative – Energien auslöst. Diese folgen immer dem Ursache-Wirkungs-Prinzip. Dabei gilt, dass jede Tat karmische Energie erzeugt, die früher oder später ihre Wirkung entfalten wird. Es ist möglich, dass Karma sich sammelt und sich durch neues Karma potenziert oder ausgleicht, sodass die Wirkung stärker oder schwächer sein kann. Dennoch bleibt keine Energie ohne Folge. Aus diesem Grund sollte man stets darauf achten, sich heilsam zu verhalten, um dadurch nur positive Energien zu erzeugen. Doch es kann auch vorkommen, dass sich Energien aus vorherigen Existenzen auswirken: im eigenen

Leben, in Beziehungen oder in der Familie. Dies ist jedoch nicht als Strafe, sondern als natürlicher Verlauf des Lebens zu verstehen, anzunehmen und aufzuarbeiten, sodass die Energie sich auswirkt und dann vergeht. Ziel dabei ist es, durch den Achtfachen Pfad zur Erkenntnis der Vier Edlen Wahrheiten zu gelangen, sodass man zur buddhistischen Erkenntnis gelangt, die Seele bereinigt und durch den inneren Frieden überhaupt kein Karma mehr erzeugt. Auf diese Weise ist es möglich, aus dem Samsara auszutreten und ins Nirwana zu gelangen.

Dazu gehört auch, dass man die dualistische Weltsicht, nach welcher man zwischen dem Inneren und der Außenwelt differenziert, überwindet und stattdessen die Gesamtheit und den allumfassenden Zusammenhang von Erde, Mensch und Geist erkennt. So kann es auch gelingen, sich von der Vorstellung eines festen Ichs zu lösen und das eigene Selbst nicht als feste ‚wiedergeborene Seele, sondern stattdessen als Ansammlung von karmischen Energien, die sich durch Gefühle, Bewusstsein, Wahrnehmungen sowie mentale Gegebenheiten manifestieren, zu verstehen.

Alles hängt zusammen, alles ist im Fluss. Dadurch ist alles Zukünftige veränderlich, jedoch vom bedingten Entstehen abhängig. Trotzdem ist das Wichtigste, die Verantwortung für das eigene Leben selbst in die Hand zu nehmen und das eigene Verhalten so zu steuern, dass es positive karmische Tendenzen bewirkt. Dazu muss man mit heilsamem Willen in Gedanken, Worten und Taten handeln. Das bedeutet, großzügig, offen, empathisch und freundlich zu sein, irdischen Anhaftungen zu widersagen und sich nicht von seinen Emotionen verleiten zu lassen. Dazu muss man friedlich im Geist und in sich selbst gesammelt sein. Dies kann man durch Meditation und Achtsamkeit erlernen. Dennoch ist dieser bewusste Umgang mit sich selbst allumfassend und bezieht sich auf die Selbstliebe, auf das Verhältnis zu den Mitmenschen in Bekanntschaften, Freundschaften,